ASIEN
21
JAPAN
09
NEPAL
TAIWAN
04
MYANMAR
13
10
VIETNAM
THAILAND
15
MALAYSIA
01
SRI LANKA
20
SEYCHELLEN
23
INDONESIEN
05
SÜDAFRIKA
02
AUSTRALIEN

Roëll de Ram

Backpacking für Anfänger

mosaik

Bildnachweis:
Sämtliche im Folgenden nicht gesondert aufgeführten Abbildungen stammen aus dem Privatarchiv der Autorin.
iStock: S. 31, 58, 61, 65, 108, 112, 116.
Shutterstock: S. 110, 164, 169 rechts unten, S. 170 unten.

Penguin Random House Verlagsgruppe FSC® N001967

1. Auflage
Originalausgabe März 2022

Umschlaggestaltung: Sabine Kwauka
Motiv: Roëll de Ram; Gold: shutterstock/pondkungz
Redaktion: Leena Flegler
Satz: Uhl + Massopust, Aalen
Druck und Bindung: DZS Grafik d.o.o., Slowenien
Printed in Slovenia
KF · IH
ISBN 978-3-442-39374-9
www.mosaik-verlag.de

Roëll de Ram

Backpacking für Anfänger

Die schönsten Reiseziele für große Abenteuer mit kleinem Gepäck

Aus dem Niederländischen
von Barbara Heller

mosaik

Inhalt

YOU SHOULD BE HERE

VORWORT ZUR DEUTSCHSPRACHIGEN AUSGABE

Um die Welt reisen und Abenteuer erleben, auf der anderen Seite des Globus unvergessliche Eindrücke sammeln – bis vor Kurzem war das für mich noch die normalste Sache der Welt. Ein paar Wochen in einem fernen Land oder monatelang auf Weltreise mit nichts als einem gut gefüllten Rucksack – alles war möglich. Die wildesten Reiseträume konnten wahr werden, wenn wir es wirklich wollten. Doch dann kam Corona, und gefühlt blieb die Welt für einen Moment stehen. Einfach den Rucksack packen, in den Flieger steigen und aufbrechen zu einer Reise, die du nie vergisst – das ging plötzlich nicht mehr. Mit der Pandemie wurden Sorge und Ungewissheit zu ständigen Begleitern. Eine schräge Erfahrung für alle Abenteurer und Adrenalin-Junkies unter uns, die das Leben am liebsten in vollen Zügen genießen und die nie genug bekommen von immer neuen Kicks und Thrills. Dieses Buch ist in den Niederlanden zuerst vor Ausbruch der Pandemie erschienen. Covid-19 und die Folgen haben auch mich dazu bewegt, mehr darüber nachzudenken, was wirklich wichtig ist. Unsere Gesundheit, der Klimawandel und der Fußabdruck, den wir auf unserem Planeten hinterlassen. Doch nach ein paar Monaten des Nachdenkens lugte immer öfter das Fernweh wieder um die Ecke,

denn die Lust auf Entdeckungen, Erlebnisse und Erfahrungen legt man nicht einfach so ab.
Zum Glück öffnet sich die Welt allmählich wieder. Es gibt zwar weiterhin Regeln für Reisende, die sich noch dazu ständig ändern. Aber wir können vorsichtig wieder Pläne schmieden, dürfen wieder träumen von tropischen Regionen, fremden Kulturen, Reisezielen abseits der ausgetretenen Pfade. Kurz: Das Reisefieber darf uns wieder packen.
Großartige Reiseziele findest du natürlich nicht nur in fernen Ländern oder auf anderen Kontinenten. Auch in Europa wimmelt es nur so von wunderbaren Orten und unentdeckten Winkeln. In diesem Buch gibt es Tipps zu meinen persönlichen Highlights – Island und Portugal.
Höchste Zeit für neue Entdeckungen und Begegnungen an den schönsten Enden der Welt. Ich wünsche uns eine fantastische Backpacking-Saison!

Roëll de Ram
im Frühjahr 2022

Backpacking

GUT ZU WISSEN

DAS ERSTE MAL VERGISST MAN NIE ...

Mein erstes Jahr als Studentin der Kommunikationswissenschaften liegt hinter mir. Ich bin neunzehn und stehe mit meinem Rucksack am Flughafen Schiphol. Ein paar Stunden noch, dann sitze ich im Flieger nach Brasilien, und meine erste Backpacking-Tour beginnt. Eine Freundin ist schon vor einem halben Jahr losgezogen und holt mich in Salvador da Bahia ab. Ich habe eisern auf dieses Abenteuer gespart und freue mich seit Monaten darauf. Trotzdem überwältigen mich die Gefühle beim Abschied von meinen Lieben: Tränen kullern mir übers Gesicht – es ist die Vorfreude, die Angst vor dem Unbekannten, Nervosität, der Adrenalinkick, Heimweh ... Immer dieselbe Frage spukt mir im Kopf herum: Warum war ich so wild auf diese Reise? Erst als der Flieger abhebt, beruhigt sich mein Herzschlag, die Tränen trocknen, und bald kann ich auch wieder lachen. Hey, hier bin ich! Allein! Ich erfülle mir einen Traum!

Aus der Backpacking-Tour durch Brasilien wird eine ganze Serie fantastischer Abenteuer. Es war die beste Entscheidung meines Lebens. Auf die Frage meines Vaters, was ich später mal machen möchte, antworte ich wie aus der Pistole geschossen: Reisen! Denn danach bin ich süchtig. Und ich will nicht bis nach dem Studium warten. Ich beschließe, jeden Sommer eine größere Reise zu machen und nach dem Bachelor dann eine Weltreise. Jedem, der es hören will, rufe ich zu: Probier's aus! Backpacking ist cool!

WARUM ES JEDER MAL AUSPROBIEREN SOLLTE

Als Backpacker fühlst du dich frei. Jeder Tag ist ein großes Abenteuer. Du triffst neue Leute. Du lässt es dir richtig gut gehen, obwohl du auf vieles verzichtest. Du lernst dich selbst besser kennen und machst, was du willst. Du merkst, wie wenig du zum Leben brauchst: Alles Wichtige passt in deinen Rucksack. Dass du tagelang dieselben Sachen anhast, ist eher die Regel als die Ausnahme. Du lernst planen, du lernst dein eigenes Land schätzen, dich anpassen, Kulturschocks überwinden. Du wirst offener und sozialer. Und du lernst sparen, denn zugegeben: Backpacking ist nicht ganz billig. Immer öfter verlässt du deine Komfortzone, und weil du so viel an der frischen Luft bist und einen schweren Rucksack schleppst, wirst du auch fitter und gesünder. Du lernst fremde Kulturen kennen, lässt dein gewohntes Leben hinter dir und siehst, wie Menschen auf der anderen Seite der Erdkugel leben. Es gibt so viel mehr auf der Welt als deinen Heimatort und deine Kultur. Ein Leben lang nichts anderes zu sehen wäre doch wirklich schade. Mach

dich auf den Weg und erweitere deinen Horizont! Backpacking ist großartig – in vielerlei Hinsicht. Wenigstens ein Mal im Leben sollte man es ausprobieren.

WELCHER BACKPACKER-TYP BIST DU?

Unterwegs triffst du viele andere Backpacker. Du teilst deine Erfahrungen mit ihnen und findest auf der ganzen Welt neue Freunde. Aber nicht alle sind aus demselben Holz geschnitzt. Da gibt es den Budgetpacker, der jeden Cent umdreht und um jeden Euro feilscht. Der Flashpacker hat den halben Rucksack voll mit Kameras und anderem Technikkram: Drohne, Laptop, E-Reader … Er meidet Hostel-Dorms und lässt sich komfortablere Hotels, schicke Restaurants und exklusive Ausflüge einiges kosten. Der Stempelsammler will in kürzester Zeit möglichst viele Länder bereisen und macht bei jedem neuen Einreisestempel in seinem Pass vor Freude einen Luftsprung. Andere Backpacker leisten Freiwilligenarbeit oder bleiben länger an ein und demselben Ort, weil sie sich erst dann wirklich angekommen fühlen. Manche werden von Freunden mitgeschleift, backpacken zum ersten Mal und finden einfach alles super. Die Partypacker wollen vor allem eins: feiern. Man trifft Profi-Traveller, die ständig Vergleiche mit anderen Ländern ziehen und alles besser wissen, aber auch barfüßige Hippies, denen man trotzdem ansieht, dass sie mal einen normalen Job hatten. Unter Backpackern findet man solche und solche – den typischen Backpacker gibt es nicht. Aber eins verbindet sie alle: Sie lieben es, unterwegs zu sein.

DIE GÜNSTIGSTEN BACKPACKING-ZIELE

Die meisten von uns ziehen mit einem kleinen Budget in die Welt hinaus und möchten natürlich wissen, welches die günstigsten Reiseziele sind. In diesen Ländern kommst du als Backpacker oft schon mit 20 bis 30 € pro Tag aus:

- Sri Lanka, S. 17
- Myanmar, S. 41
- Kolumbien, S. 59
- Portugal, S. 67
- Nepal, S. 83
- Thailand, S. 91
- Marokko, S. 101
- Vietnam, S. 117
- Malaysia, S. 133
- Indonesien, S. 197

Budget SPAREN BEIM BACKPACKING – ABER WIE?

Reisen für wenig Geld – davon träumen viele. Und so geht's:

1. **Taxi und Tuk-Tuk:** Geh zu Fuß zum Hostel oder auf Sightseeingtour. Den Weg zeigt dir der Stadtplan oder dein Smartphone. Wenn du doch mal ein Taxi brauchst, teile es dir mit anderen. Oder nutze öffentliche Verkehrsmittel.
2. **Öffentliche Verkehrsmittel:** Die beste Verbindung ist manchmal schwer zu finden, aber die Mühe lohnt sich: Mit Bus und Bahn fährst du deutlich günstiger als mit den Touri-Minibussen, die es in vielen Ländern gibt. Andererseits sind die komfortabler, schneller und oft auch sicherer. Überleg dir also gut, ob es immer die billigste Variante sein muss.
3. **(Super-)Markt:** Geh auf den Markt oder in den Supermarkt statt immer nur ins Restaurant. Dein bester Freund in vielen Ländern ist 7-Eleven: Dort bekommst du für wenig Geld Sandwiches, Nudeln und Joghurt. Auf dem Markt holst du dir frisches Obst und Gemüse. Kochen mit anderen Backpackern schont das Budget und macht einen Riesenspaß!
4. **Essen gehen:** Wenn schon, dann iss dort, wo die Locals essen: an einem Imbissstand, auf einem Foodmarket oder in einer kleinen Gaststätte. Das ist oft billiger und auch viel leckerer als im Touristenschuppen.
5. **Unterkunft:** Günstig übernachten kannst du im Hostel-Dorm oder in einem Guesthouse, du kannst (wild)

campen oder couchsurfen, für Kost und Logis arbeiten oder dir eine Hängematte mieten. Der echte Budgetpacker meidet teure Hotelzimmer. Such dir vor Ort eine bezahlbare Unterkunft und informiere dich auch online – deine Reisekasse dankt es dir.

6. **Nachtbus:** Mit einer Nachtfahrt sparst du Hostel-Kosten und zahlst eventuell sogar weniger als tagsüber.
7. **Preise vergleichen:** Später am Tag kostet der Bus vielleicht nur die Hälfte. Dieses Hostel kann billiger sein als jenes direkt daneben. Vergleiche die Preise – so hältst du dein Geld zusammen.
8. **Länger bleiben:** Je öfter du Bus, Bahn, Taxi, Schiff oder Flugzeug nutzt, umso teurer wird dein Trip. Es kostet nun mal Geld, von A nach B zu kommen, also bleib auch mal länger an einem Ort.
9. **Ausflüge:** Nimm nicht jedes Angebot mit – das reißt nur Löcher in dein Budget. Triff eine Auswahl, organisiere Ausflüge auch mal selbst, und wenn es ein ganz bestimmter Trip sein soll, tu dich mit anderen zusammen, dann wird es billiger.
10. **Feilschen:** In vielen Ländern Asiens, Mittel- und Südamerikas sind Preise Verhandlungssache. Scheue dich nicht, Taxifahrten, Ausflüge oder Souvenirs runterzuhandeln und sogar im Hostel nach einem guten Preis zu fragen, wenn du mehrere Nächte bleibst.
11. **Scheckkarte und Studentenausweis:** Aufgepasst am Geldautomaten oder bei der Bank! Egal, ob 25 oder 100 € – beim Abheben können locker 5 € Gebühren anfallen. Hebe größere Beträge ab, und du behältst deine Ausgaben besser im Blick. Einen Studentenausweis solltest du auch immer bei dir haben, er sichert dir satte Ermäßigungen.

Packliste

BASICS

- Reisepass
- Auslandskrankenversicherung
- Impfpass
- Visum
- Rucksack und Daypack
- Flightbag mit Gepäckanhänger und Regenhülle
- Stirn- oder Taschenlampe
- Hüttenschlafsack
- Packwürfel, Zip- oder Stoffbeutel zur Gepäckorganisation
- Adressbuch mit Notfallnummern
- Ohrstöpsel, Nackenkissen und Schlafmaske
- Taschenmesser, Spork und Teller
- Trinkflasche
- Sonnenbrille
- Cap oder Hut
- Kredit- und EC-Karte
- (Internationaler) Führerschein
- Reisegeldbörse oder Geldgürtel
- Zahlenschloss für den Rucksack (praktisch für Hostel-Spinde)
- Flugtickets
- Stromadapter, evtl. Verlängerungskabel
- Handy
- Kamera
- E-Reader/Tablet
- Laptop
- Ladegeräte, evtl. Ersatzakkus
- USB-Stick für Foto-Back-ups
- Kopfhörer für Musik

HYGIENE

- Deo
- Shampoo, Conditioner
- Hand-Desinfektionsmittel
- Kontaktlinsen und -lösung, Reserve-Set, Brille
- Rasierer
- Nagelschere und -feile
- Zeckenzange, Pinzette
- Medikamente, u. a. Paracetamol, Ibuprofen, Durchfallmittel, Elektrolytlösung, persönliche Medikamente
- Erste-Hilfe-Set
- Zahnbürste, Zahnpasta
- Zahnstocher, Zahnseide
- Kulturbeutel
- Insektenspray
- ggf. Malariatabletten
- Sonnencreme, Aftersun
- Pille, Kondome
- Waschmittel

KLEIDUNG

- Unterwäsche
- dünne (Wind-)Jacke
- warmer Pulli oder Weste, auch gut für Flugzeug und Bus
- Langarmshirts
- kurze Hosen, Röcke, Kleider
- lange Hose und/oder langer Rock
- Hamam-/Strandtuch
- kleines Duschtuch
- Regenponcho
- Sarong
- dünne und dicke Socken
- Flipflops und/oder Sandalen
- bequeme Schuhe/Sneaker/Espadrilles
- Wanderschuhe
- T-Shirts/Tops
- Thermokleidung für kalte Reiseziele
- Badehose/Bikini

SRI LANKA

Reisedauer	3 Wochen
Transport	Bus, Zug, Tuk-Tuk
Budget	€€
Flug nach	Colombo
Beste Reisezeit	Dezember bis März
Unterkunft	Hotel, Guesthouse
Essen	Curry, Roti, Kottu

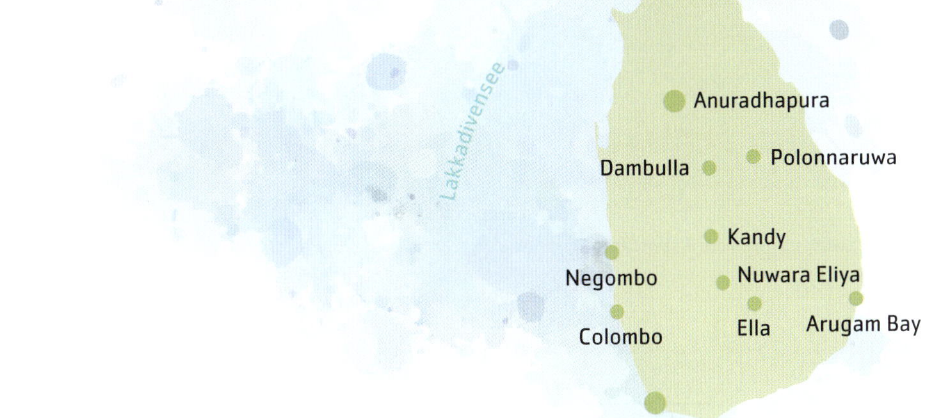

Traumhaftes SRI LANKA

In Sri Lanka kannst du die schönsten buddhistischen Tempel besichtigen, du kommst wilden Elefanten ganz nah, erlebst unvergessliche Zugfahrten, kannst nach Herzenslust wandern und an Traumstränden chillen, schnorcheln oder surfen. Backpacking in Sri Lanka ist preiswert, wie in so vielen Ländern Südostasiens, und an den zahlreichen relaxten Backpacker-Spots lernst du schnell andere Traveller kennen. Zum Herumreisen bieten sich Bus oder Bahn an, du kannst aber auch ein Tuk-Tuk mieten und damit quer durchs Land fahren.

01

DIE LOCALS TRAGEN ZUMEIST WEISS, UND VIELE SIND MIT DEN ARMEN VOLLER BUNTER BLUMEN UNTERWEGS.

NEGOMBO

Der internationale Flughafen liegt zwischen Colombo und Negombo. Da es in der Hauptstadt selbst nicht allzu viel zu sehen gibt, fährst du am besten gleich weiter nach Negombo. Die schönsten Hotels stehen hier direkt am Wasser – genau richtig für die Planung deines Backpacking-Trips. Traumstrände findest du hier allerdings nicht, deshalb genügen ein, zwei Übernachtungen am Anfang und gegen Ende deiner Reise.

ANURADHAPURA

Die Königsstadt Anuradhapura wartet mit großartiger Baukunst auf: Du siehst riesige Stupas und den heiligen Feigenbaum **Jaya Sri Maha Bodhi**. Zieh dir helle, verhüllende Sachen an, um dich den örtlichen Sitten anzupassen. Die Locals tragen meist Weiß, viele sind mit den Armen voller bunter Blumen zu den heiligen Stätten unterwegs. Die größten Highlights in Anuradhapura sind der über 90 m hohe schneeweiße Stupa Ruwanweliseya, die Zwillingsbecken Kuttam Pokuna und der Abhayagiri-Tempel. Miete am besten ein Fahrrad oder buche eine Tuk-Tuk-Tour.

POLONNARUWA

Auch Polonnaruwa ist eine alte Königsstadt. Hier findest du einige der schönsten Tempel Sri Lankas, darunter den Felsentempel (Gal Vihāra) mit dem riesigen liegenden Buddha. Den Vatadage-Rundtempel kannst du aus allen vier Himmelsrichtungen betreten, die Treppenaufgänge sind mit Buddhastatuen und prächtigen Mondsteinen geschmückt. Auf demselben Gelände, dem »Heiligen Viereck«, steht auch der Atadage-Tempel. Zwischen lauter schiefen Säulen taucht hier plötzlich eine schöne Buddhastatue auf. Einen Besuch wert sind auch der Hatadage, die Ruinen des Königspalasts und der Rankot Vihara.

DAMBULLA

Von Dambulla aus erreichst du verschiedene Highlights im zentralen Norden Sri Lankas, u. a. die beiden Monolithe Sigiriya und Pidurangala. Wegen der mächtigen Löwentatzen am Eingang der Festungsruine heißt der **Sigiriya** auch »Löwenfelsen«. Auf dem Weg nach oben kommst du an einer natürlichen Spiegelwand und eindrucksvollen Fresken vorbei. Der Eintritt kostet leider einiges, deshalb ziehen viele Backpacker den benachbarten **Pidurangala** vor. Beim Aufstieg über den spärlich markierten Weg wird die eine oder andere Kletterpartie fällig. Dafür hat man den Pidurangala im Gegensatz zum überlaufenen Sigiriya oft fast für sich allein. Oben wirst du mit einer unvergesslichen Aussicht belohnt und bist nur noch glücklich, dass du diese besondere Reise machst.

AM MINNERIYA TANK KANNST DU ELEFANTEN BEOBACHTEN – EIN EINZIGARTIGES ERLEBNIS!

Du träumst davon, wilde Elefanten zu sehen? Dann fahre von Dambulla weiter in den **Minneriya-Nationalpark**. Mit dem Jeep geht es über ein Gewirr von Dirt Roads zum Stausee Minneriya Tank. Hier versammeln sich Dutzende, während des »Elephant Gathering« im August/September sogar Hunderte Elefanten zum Baden und Grasen – Elefantenbabys ebenso wie mächtige Tiere mit langen Stoßzähnen. Ein einzigartiges Erlebnis! Auch im Udawalawe- und im Yala-Nationalpark ist Elefanten-Watching möglich. Vielleicht sichtest du auf so einer Jeepsafari auch Raubvögel, Leoparden, Affen und Bären.
In Dambulla selbst steht der **Goldene Tempel** oder Höhlentempel. Dutzende Höhlen im Fels beherbergen buddhistische Tempel, und einer ist schöner mit Malereien geschmückt als der andere. An manchen Stellen sehen dich über hundert Buddhastatuen an.

KANDY

Kandy ist eine geschäftige Stadt, leider noch ohne die lässige Backpacker-Atmosphäre, die man selbst im hektischen Bangkok oder im chaotischen Hanoi findet. Kandy lohnt sich vor allem wegen des Zahntempels: Vielleicht kannst du dort eine Zeremonie miterleben und sehen, wie die Einheimischen Schlange stehen, um einen Blick auf den Zahn des Buddha zu werfen, der hier aufbewahrt wird. In Kandy gibt es auch einen interessanten botanischen Garten mit einer Fülle tropischer Pflanzen. Auf einem Spaziergang rund um den Kandy-See bekommst du einen Eindruck vom Alltag der Locals. Kandy ist außerdem der ideale Startpunkt für eine Reise nach Ella – die schönste Zugfahrt, die man in Sri Lanka unternehmen kann.

NUWARA ELIYA

In der höher gelegenen Region um Nuwara Eliya quert der Zug Sri Lankas Teeplantagen. Endlose Hügel mit Teesträuchern formen die Landschaft. Hier und dort kannst du Teepflückerinnen bei der Arbeit sehen. Von Nuwara Eliya aus sind coole Wanderungen möglich: Auf dem 8 km langen Weg durch den **Horton-Plains-Nationalpark** kommst du an Wasserfällen und schönen Aussichtspunkten wie dem World's End vorbei.

ELLA

Herrlich langsam rattert der blaue Zug von Kandy nach Ella über grüne Berge, die du am besten bestaunst, indem du dich weit aus dem Fenster lehnst. In Ella lohnt die **Demodora Nine Arch Bridge** einen Besuch – sie ist die wohl meistfotografierte Brücke in ganz Sri Lanka. Ella selbst ist ein entspannter Backpacker-Ort, in den sich jeder verliebt. Leihe dir einen Motor-

ABJ 1989
RE

ELLA IST EIN ENTSPANNTER BACKPACKER-ORT, IN DEN SICH JEDER VERLIEBT.

roller und erkunde die Gegend auf eigene Faust, wandere zum Ella Rock oder zum Little Adam's Peak und sieh dir den Ravana-Wasserfall an.

ARUGAM BAY

Die Arugam Bay, ein Surfspot im Süden Sri Lankas, ist *der* Sehnsuchtsort vieler Backpacker. Hier kannst du in einer Hütte am Strand schlafen und lernst im Nu andere Backpacker kennen. Der Abschied von diesem relaxten Hippiedorf fällt schwer.

GALLE

Galle liegt zwar am Meer, aber richtig schöne Strände gibt es dort nicht. Stattdessen kannst du eine mächtige Festung aus der niederländischen Kolonialzeit besichtigen und durch malerische Gassen schlendern. Ein echtes Erlebnis ist der Sonnenuntergang, den man am besten von der Festungsmauer aus genießt. Wenn du dann auch noch die Grote Kerk, den Leuchtturm und die Souvenirshops abgeklappert hast, fahr mit dem Tuk-Tuk weiter nach **Unawatuna**. In Galle gibt es zwar Hostels, aber schöner und günstiger übernachtest du an einem der dortigen tropischen Strände. Am **Dalawella Beach** hängt an einer gigantischen Palme ein langes Seil, an dem du dich weit über den Strand schwingen kannst. Andere lohnende Küstenorte im Süden Sri Lankas sind **Mirissa** und **Weligama**. Hier kannst du nicht nur surfen und schwimmen, sondern auch Wale beobachten und die berühmten Stelzenfischer sehen, die mit ihren Bambusangeln auf Pfählen hoch über dem Wasser kauern. Ein Stück weiter nördlich in **Hikkaduwa** herrscht eine angenehm entspannte Atmosphäre. Beim Schnorcheln oder Tauchen triffst du auf Schildkröten und bunte Korallen. Hier finden oft Partys statt, und du kannst Yoga- und Surfkurse belegen. Hikkaduwa liegt näher am Flughafen als Galle und ist damit die perfekte letzte Station auf deiner Backpacking-Reise durch Sri Lanka.

MALEDIVEN

Du wärst nicht der erste Backpacker, der seine Sri-Lanka-Reise mit den Malediven verbindet. Es ist nur ein Katzensprung bis zu der Inselgruppe, und die Chancen stehen gut, dass dein Flugzeug hier zwischenlandet. Die maledivischen Strände gehören zu den schönsten der Welt: tiefblaues Wasser, Palmen, so weit das Auge reicht – ideale Orte zum Chillen! Geh unbedingt Schnorcheln und buche eine Bootstour, um Schildkröten, Mantas oder Haie zu sehen. Deine Reiseroute auf den Malediven sollte dich u. a. nach Hulhumalé, Maafushi, Fulidhoo und Thulusdhoo führen. Inselhopping ist hier auch mit kleinem Budget möglich: Die Fähren kosten nur ein paar Euro, und es gibt preiswerte Unterkünfte.

AUSTRALIEN

Reisedauer	4 Wochen
Transport	Bus
Budget	€€€€€
Flug nach	Melbourne, Sydney oder Cairns
Beste Reisezeit	August bis November
Unterkunft	Hostel
Essen und Trinken	Känguru, Goon

No Worries in AUSTRALIEN

Eins der schönsten Länder für deinen ersten Backpacking-Trip ist Australien. Dort spricht fast jeder Englisch, und ob Hostels oder Transportmittel: Alles ist hervorragend organisiert. Besorge dir gleich zu Anfang einen Greyhound-Buspass für die komplette Reise oder miete mit anderen zusammen einen Camper. Australien ist ideal für Solo-Backpacker, man findet überall im Handumdrehen Anschluss. Der Wermutstropfen: Australien ist teuer – aber mit einem Working-Holiday-Visum findest du leicht eine bezahlte Arbeit. Auch für weiter gereiste Backpacker ist Australien eine Top-Destination. Es ist das Land der Kängurus, überwältigender Naturwunder (Ayers Rock oder Uluru, Great Barrier Reef), und du findest dort erstaunlich viel westliche Kultur, nur ohne die westliche Hektik. Jeden Tag Grillen ist in Australien das Normalste der Welt, und das tägliche Surfen gehört für viele Aussies einfach dazu.

02

SYDNEY, DIE WELTSTADT MIT DEM BERÜHMTEN OPERNHAUS: FÜR BACKPACKER EIN MUSS!

MELBOURNE
Die Metropolen Sydney und Melbourne sind ideale Startpunkte für deine Backpacking-Reise. In Melbourne bieten coole Hotspots leckere vegetarische Kost und fantastischen Kaffee. Du siehst viel faszinierende Street-Art, und an jeder Ecke wird Musik gemacht. Lust auf einen Strandtag oder eine Party? Dann fahr nach **St. Kilda**, dort kannst du sogar Pinguine sehen! Und wenn du mal aus der Stadt rauswillst – mach einen Tagesausflug ins Weinbaugebiet **Yarra Valley**.

GREAT OCEAN ROAD
Die kurvenreiche Great Ocean Road im Süden, eine der schönsten Küstenstraßen der Welt, führt über fast 250 km am türkisblauen Meer entlang. Weiß schäumende Wellen brechen sich an rotbraunen Felsen und goldgelben Sandstränden. Zwischen Torquay und Apollo Bay erwischst du auf dem Surfboard die perfekte Welle, und die hoch aufragenden Felsen der weltberühmten Twelve Apostles bieten ein grandioses Panorama. Weitere spektakuläre Felsformationen sind die London Bridge, die Loch Ard Gorge und The Grotto. Lust auf Grün? Dann mach einen Abstecher in den Great-Otway-Nationalpark. Zwischen mannshohen Farnen rauschen dort Wasserfälle, und mit ein wenig Glück erspähst du (am Kennett River) sogar Koalas.

SYDNEY
Die Weltstadt Sydney mit dem berühmten Opernhaus, der Harbour Bridge, den lässigen Hostels und einem tollen Nachtleben ist für Backpacker ein Muss. Fahr für einen Tag zum Bondi Beach und geh den schönen Bondi to Coogee Coastal Walk bis Bronte Beach. Er führt an einem eisblauen Swimmingpool direkt am Strand vorbei, wie er für Australien typisch ist: Die See ist oft rau und gefährlich, aber in den Schwimmbecken und Meerwasser-Felsenpools kann man in Ruhe seine Bahnen ziehen. Sehenswert sind in Sydney außerdem der Darling Harbour, der Circular Quay, der Hyde Park und Chinatown. Du kannst auch coole Tagestrips machen und z. B. beim Wandern in den **Blue Mountains** die Three Sisters bewundern.

PORT STEPHENS
Drei Autostunden von Sydney entfernt kannst du in Port Stephens Wale, Pelikane, Delfine und Schildkröten beobachten. Ein Hike auf den Tomaree Mountain ermöglicht einen fantastischen Ausblick aufs azurblaue Meer, den goldgelben Strand und die tiefgrünen Berge dahinter. Zieht es dich eher aufs Wasser? Dann buche eine Bootstour zur Delfinkolonie oder leih dir ein SUP-Board. In den Stockton Sand Dunes, einem der größten Sanddünensysteme Australiens, warten Sandboar-

DER WEG FÜHRT DURCH EINEN EUKALYPTUSWALD, IN DEM KOALAS IN DEN BÄUMEN SITZEN.

ding- und Quad-Abenteuer. Die magische Kombi aus Dünen und Wildlife könnte das i-Tüpfelchen deiner Reise werden.

BYRON BAY

Byron Bay ist ein typischer Surfspot mit superentspanntem Backpacker- und Hippieflair und der perfekte Ort, um surfen zu lernen – Kurse bietet jedes Hostel an. Aber auch zum Chillen bist du hier genau richtig. Nichts muss, alles kann: In Byron Bay findest du die »No worries, mate«-Mentalität, für die Australien berühmt ist. Häng im Hostel ab, genieß den Strand und bewundere bei einem Glas Goon den Sonnenuntergang. In den Bergen abseits von Byron Bay liegt das Hippiedorf Nimbin: Regenbogenfarben, Kifferläden mit Happy High Herbs im Angebot, Street-Art und Batikshirts findest du hier auf Schritt und Tritt.

BRISBANE

Dass die Aussies Outdoormenschen sind, spürst du sogar in Brisbane. Das Meer ist nicht gerade um die Ecke, trotzdem kannst du hier echtes Strandfeeling erleben: in der künstlichen Lagune der South Bank Parklands mit Blick auf Brisbanes Wolkenkratzer. Nette Kneipen gibt es hier auch. Du willst noch mehr von Brisbane sehen? Dann flaniere durch die Innenstadt oder fahr mit der Fähre auf dem Fluss unter den vielen Brücken hindurch.

NOOSA

Ein weiterer chilliger Küstenort, in dem auch die Locals gern Urlaub machen, ist Noosa an der Sunshine Coast im Osten. Hier sind Relaxen und Nichtstun angesagt. Lies ein Buch und ruh dich von der Reise aus oder mach eine Kanutour und lass dir anschließend ein superleckeres Essen in einem der kleinen Lokale schmecken. Für Wanderungen bieten sich der Strand oder die Nationalparks Noosa und Great Sandy an. Schlafen kannst du im Hostel, aber auch Wildcampen ist hier erlaubt.

FRASER ISLAND

Einen Roadtrip auf Fraser Island solltest du dir nicht entgehen lassen. Im Leih-4WD mit anderen Backpackern über die größte Sandinsel der Welt zu cruisen und auf dem 75 Mile Beach richtig Gas zu geben ist ein Erlebnis der besonderen Art! Mitten auf Fraser Island liegen Süßwasserseen wie der Lake MacKenzie und der Lake Wabby, und abseits der schneeweißen Strände steht Regenwald. Übernachtet wird in Zelten direkt am Meer. Sieh dir auch das gigantische **Maheno**-Schiffswrack am Strand an, besuche den Cathedral Beach und den Eli Creek und genieß die Aussicht vom Indian Head.

AIRLIE BEACH und die WHITSUNDAYS
Airlie Beach ist ein gemütlicher Backpacker-Spot und Startpunkt für Bootstouren zu den Whitsundays, einem paradiesischen Archipel aus 74 Inselchen. Du hattest noch nie so weichen Sand unter den Füßen, das Meer schimmert in tausend Blautönen, und die Unterwasserwelt ist fast unwirklich schön. Angeboten werden mehrtägige Bootstouren und Tagestrips – mit Schnorchelpausen und einem Stopp am traumhaften Whitehaven Beach. Es gibt auch Backpacker-Boote, auf denen abends Riesenpartys gefeiert werden.

MAGNETIC ISLAND
Aus Townsville bringt dich die Fähre auf die Granitinsel, dann geht es per Fahrrad, Bus oder Mietwagen weiter. Magnetic Island bietet Traumbuchten, Schnorchelspots und tolle Aussichtspunkte, aber vor allem eins: **Koalas**. Besuche die Arthur Bay, Alma Bay, Florence Bay, Horseshoe Bay oder Radical Bay und wandere anschließend den Forts Walk entlang. Es sind nur wenige Kilometer, aber der Weg führt durch einen Eukalyptuswald, in dem Koalas in den Bäumen sitzen. Mit etwas Glück begegnen dir auch Felskängurus und Papageien.

DER MYSTISCHE ULURU LIEGT IM OUTBACK MITTEN IM HERZEN AUSTRALIENS.

MISSION BEACH

In dem verschlafenen Dörfchen Mission Beach hast du die Wahl: relaxen oder Abenteuer. Manche Hostels organisieren coole Ausflüge, z. B. um Wallabys zu sichten. Abends trifft man sich am Strand und trinkt am Lagerfeuer Goon, den billigen Kartonwein, der das Backpacker-Budget schont, denn Alkohol ist in Australien ziemlich teuer. Und das Abenteuer? Rafting auf dem Tully River oder ein Skydive mit weicher Landung im Sand.

CAIRNS und das GREAT BARRIER REEF

Viele Backpacker beginnen oder beenden ihre Down-Under-Reise in Cairns. Hier gibt es zahlreiche Hostels, man kann fantastisch ausgehen und in der Cairns Esplanade Lagoon, einer künstlich angelegten Salzwasserlagune, den ganzen Tag kostenlos chillen, schwimmen und sonnenbaden. Lass dir trotzdem auf keinen Fall das Great Barrier Reef entgehen, das größte Korallenriff der Erde. Beim Schnorcheln oder Tauchen in dieser grandiosen Unterwasserwelt kommst du kleinen Nemos und riesigen Mantas ganz nah. Wenn du dein PADI machen willst, bist du hier ebenfalls richtig: Überall werden Tauchkurse angeboten (die in Südostasien allerdings um einiges günstiger sind). Bei einem Tagesausflug zum Daintree Rainforest am Cape Tribulation wanderst du durch dichten Regenwald und bekommst vielleicht sogar einen Kasuar zu Gesicht.

ULURU

Der mystische, viel fotografierte Ayers Rock oder Uluru ist ein gewaltiger Sandsteinmonolith im Outback mitten im Herzen Australiens. Die meisten Backpacker besuchen dieses Naturwunder, das fernab der dicht besiedelten Ostküste im Northern Territory liegt, auf der Fahrt von Cairns nach **Darwin** oder per Inlandsflug nach **Alice Springs**. Nach stundenlanger Wüstenfahrt ragt der Uluru plötzlich aus der Ebene auf – ein wunderschöner Anblick, besonders bei Sonnenauf- und -untergang. Den Aborigines ist der rote Inselberg heilig, er spielt in ihren Mythen eine große Rolle, was ihn umso geheimnisvoller macht. Betrachte ihn nicht nur aus der Ferne, wandere auch um ihn herum – ein letztes Highlight und ein großartiger Abschluss deiner Backpacking-Reise durch Australien.

COSTA RICA

Reisedauer	3 Wochen
Transport	Bus
Budget	€€€€
Flug nach	San José
Beste Reisezeit	Dezember bis März
Unterkunft	Hostel
Essen	Casado, Chifrijo

NICARAGUA
Nationalpark Arenal Volcano
Monteverde
Bajos del Toro
San José
Nationalpark Tortuguero
KARIBIK
Puerto Viejo de Talamanca
Manuel Antonio
Uvita
PAZIFIK
Corcovado-Nationalpark
PANAMA

Pura Vida in COSTA RICA

An der Zipline durch den Nebelwald rauschen, Tukane und Leoparden sehen, Vulkane bestaunen und ultimativ relaxen – Backpacking in Costa Rica hat einiges zu bieten. Das herrlich langsame Leben in diesem mittelamerikanischen Land lässt sich am besten mit dem Ausdruck »pura vida« beschreiben – Leben pur! Damit meinen die Costa Ricaner auch, dass man es genießen und sich nicht ständig um Kleinigkeiten sorgen sollte. Costa Rica ist nicht ganz billig, aber bei guter Planung erschwinglich. Der beste Freund des Budgetpackers ist dort der Bus, übernachtet wird in Hostel-Dorms. Deine Route sollte zwischen Nationalparks, Strand und kleinen Dörfern wechseln, dann werden dich die tausend Grüntöne um dich herum immer wieder aufs Neue begeistern.

03

IM NATIONALPARK ARENAL VOLCANO HAST DU EINE FANTASTISCHE SICHT AUF DEN AKTIVEN VULKAN ARENAL UND BIST UMGEBEN VON VIELFÄLTIGEM WILDLIFE.

SAN JOSÉ

Die meisten Backpacker beginnen ihren Costa-Rica-Trip in der Hauptstadt San José. Viel zu tun gibt es hier jedoch nicht. Ruh dich deshalb nur eine Nacht von der Anreise aus oder fahr direkt weiter, denn dein erstes Highlight ist nur zwei Fahrstunden entfernt: Bajos del Toro. Am günstigsten sind die öffentlichen Busse; Touristenbusse sind komfortabler und schneller, aber auch wesentlich teurer. Beim Essen kannst du ebenfalls sparen: Weil viele Restaurants einen Servicezuschlag berechnen, kochst du in der Gemeinschaftsküche deines Hostels besser selbst oder isst dort, wo auch die Locals essen. Bestell dir zum Frühstück traditionellen Gallo Pinto – weißen Reis mit schwarzen Bohnen – oder eine Tortilla. Abends kannst du dir Chifrijo, Ceviche oder ein Casado (wörtlich »verheiratet«) schmecken lassen: ein sättigendes Gericht aus Reis, schwarzen Bohnen, Gemüse, Fisch oder Fleisch und einer Portion Salat. Es steht in fast jeder ***soda*** – so heißen die einfachen Lokale – auf der Speisekarte.

BAJOS DEL TORO

In der Nähe des Dorfes Bajos del Toro stürzt der höchste Wasserfall des Landes, der Catarata del Toro, in einen Vulkankrater. Du kannst ihn dir von oben ansehen oder den steilen Abstieg wagen und unterwegs zahllose Kolibris und riesige Pflanzen bestaunen. Das Spektakel gibt es leider nicht umsonst: Die meisten costaricanischen Nationalparks kosten Eintritt. Das macht die Sache teurer, trotzdem wäre es schade, die Parks auszulassen. Plane deshalb Extrakosten für Ausflüge und Eintrittskarten ein.

ARENAL VOLCANO

In diesem Nationalpark hast du eine fantastische Sicht auf den aktiven Vulkan Arenal. Es gibt dort heiße Quellen, du bist umgeben von vielfältigem Wildlife, schwebst in einer Seilbahn zwischen den Baumkronen des Nebelwalds hindurch und überquerst schwindelerregende Hängebrücken. Ein Zipline-Parcours verschafft dir nicht nur den besten Einblick in den Nationalpark, sondern auch einen unvergesslichen Adrenalinkick. Übernachte im Dorf La Fortuna, dort gibt es die meisten ***hot springs***. Vielleicht bleibt dir auch noch Zeit zum Raften, Reiten oder zum Baden am Rio-Fortuna-Wasserfall.

MONTEVERDE

Im Monteverde-Nebelwald blühen Tausende Orchideen, und dich umschwirren farbenprächtige Kolibris, die du an den vielen Tränken in Ruhe bewundern kannst. Wandere durch das **Monteverde Cloud Forest Reserve** und schwing dich auch

SCHWING DICH DURCH EINEN ZIPLINE-PARCOURS. NIRGENDS SONST AUF DEINER REISE FÜHLST DU DICH SO SEHR WIE TARZAN ODER JANE!

hier durch einen Zipline-Parcours. Nirgends sonst auf deiner Reise fühlst du dich so sehr wie Tarzan oder Jane! Du erkundest die Gegend lieber zu Fuß? Dann mach unbedingt eine Hängebrückenwanderung! Es gibt hier auch Kaffee- und Kakaoplantagen.

MANUEL ANTONIO

Im meistbesuchten Nationalpark Costa Ricas kannst du an idyllischen Palmenstränden wunderbar relaxen oder einen Aktivtag einlegen und die große Vielfalt exotischer Tiere bestaunen. Pass aber auf deine Sachen auf: Affen und Waschbären schnappen dir schnell etwas weg! Geh möglichst früh los, wenn du keine geführte Tour mitmachst, denn in der Mittagshitze ziehen sich die meisten Tiere in den Schatten zurück.

UVITA

Wenn du Strandleben pur genießen möchtest, fahr an die costa-ricanische Westküste. In Uvita kannst du einen Surfkurs belegen oder dir einfach ein Board ausleihen. Eine Whalewatching-Tour im nahe gelegenen Nationalpark **Marino Ballena** buchst du am besten zwischen Dezember und März. Delfine umkreisen das Boot, und du kannst majestätische Pelikane und die erstaunlichsten Fische sehen, zwischendurch aber auch schnorcheln und die Unterwasserwelt erkunden. Bei Uvita gibt es auch schöne Wasserfälle, z. B. den Uvita- und den Nauyaca-Wasserfall, zu dem du allerdings ein paar Kilometer laufen musst. Aber es lohnt sich! Auch der Sonnenuntergang in Uvita gehört auf die To-do-Liste.

CORCOVADO

Der nächste Halt auf deiner Reise ist ebenfalls ein Muss: der unberührte Corcovado-Nationalpark mit seinen unzähligen Papageien. In diese abgelegene Ecke im südlichen Costa Rica kommen nicht viele Backpacker. Übernachtet wird an der Bahía Drake in Hostels oder Hütten am Strand. Wer da erst mal in einer Hängematte liegt, will nicht so schnell wieder heraus. Aber wie wär's mit einer schönen Küstenwanderung oder einer Kanutour? Vielleicht entdeckst du sogar einen Tapir.

PUERTO VIEJO

Mit die schönsten Strände Costa Ricas findest du rund um das Backpacker-Dorf Puerto Viejo an der karibischen Ostküste: Sie sehen aus, als hätte sie kein Mensch je betreten. Es gibt hier ruhige kleine Buchten wie Punta Uva, aber auch Surfstrände wie die Playa Cocles. Du kannst sogar auf Palmen klettern. Und es gibt noch einen Grund für einen Abstecher nach Puerto Viejo: das Nachtleben. Wenn du mit dei-

DIE CHANCEN STEHEN GUT, DASS DU VIEL WILDLIFE ZU GESICHT BEKOMMST, Z. B. GELBE SCHLANGEN, WASCHBÄREN, TRÄGE LEOPARDEN UND EXOTISCHE VÖGEL.

nem Leihfahrrad vom Strandhopping zurückkommst, geh zur Happy Hour in eine Backpacker-Bar, in der Reggae und Rastafaris für Partystimmung sorgen. Für die Nacht buchst du ein Zelt, eine Hängematte oder eins der lässigen Hostels. Auch ein Tagesausflug in den Cahuita-Nationalpark mit seinen schwarzen und goldgelben Stränden lohnt sich. Die Chancen stehen gut, dass du hier viel Wildlife zu Gesicht bekommst, z. B. gelbe Schlangen, Waschbären, träge Leoparden und exotische Vögel.

TORTUGUERO

Tortuguero ist die Heimat der Meeresschildkröten. Zehntausende graben hier zwischen Juli und Ende September ihre Nester in den Sand. Nachts – aber nur mit Guide – kannst du beobachten, wie die riesigen Tiere auf den Strand kriechen und ihre Eier ablegen – ein unvergessliches Erlebnis! Auch andere coole Ausflüge werden in Tortuguero angeboten, z. B. Bootstouren durch den Regenwald, auf denen du Kaimane, Riesenschlangen, kleinere Schildkröten, Leguane, Frösche und seltene Vögel sehen kannst.

MYANMAR

Reisedauer	2 Wochen
Transport	Bus, Zug
Budget	€€
Flug nach	Mandalay, Yangon
Beste Reisezeit	November bis Februar
Unterkunft	Hotel, Guesthouse
Essen	Curry, Obst, Nudeln

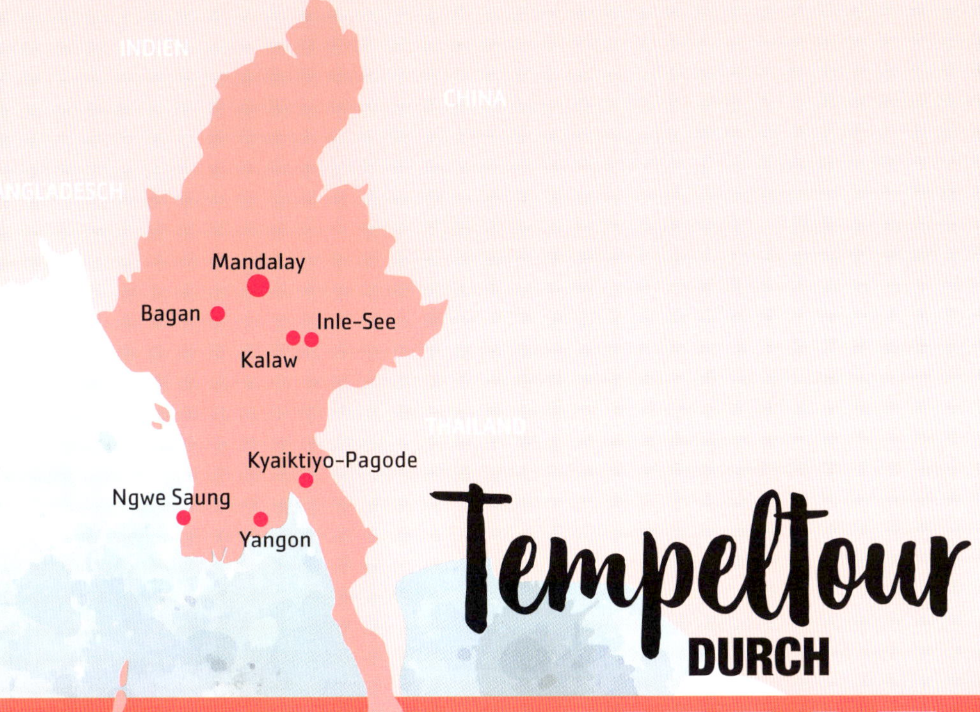

Tempeltour DURCH MYANMAR

Mystische Tempel, traditionelle Bergvölker, Blattgold, sensationelle Aussichtspunkte und aufregende Bootstouren – für Backpacker ist Myanmar ein Traum. In Städten wie Bagan und Mandalay kommen Tempel-Fans voll auf ihre Kosten. Nimm aber einen Sarong und gut verhüllende Oberteile mit, denn nackte Beine und Schultern sind in den Tempelkomplexen ein No-Go. Respektiere die hiesigen Sitten und vergiss nicht, dass sich das frühere Birma erst vor Kurzem für den Tourismus geöffnet hat. Das merkt man auch an der Backpacker-Infrastruktur: Hostels sind dünn gesät, von Nightlife keine Spur, Geldabheben kann schwierig werden. Um an Kyat zu kommen, solltest du deshalb immer möglichst neue Dollarscheine bei dir haben. Apropos Geld: Myanmar ist ein recht günstiges Backpacker-Land. Busfahrten, Ausflüge, Unterkünfte und Essen kosten nicht viel.

MÖNCHE IN DUNKELROTEN GEWÄNDERN GEHEN VORÜBER, UND ÜBERS WASSER GLEITEN BUNTE BOOTE, DIE MAN FÜR EIN PAAR KYAT MIETEN KANN.

MANDALAY

Wer seinen Myanmar-Trip in Mandalay beginnt, kann von dort in den Süden weiterreisen und von Yangon aus zurückfliegen. Mandalay selbst ist mit seinen vielen Sehenswürdigkeiten der ideale Ausgangspunkt für deine Reise. Der Königspalast steht mitten in der Innenstadt, die größten Highlights entdeckst du allerdings erst bei einer ganztägigen Taxifahrt. Das passt vielleicht nicht ins gängige Backpacker-Bild – aber nur so sind die weit verstreuten Orte gut zu erreichen. Schreib dir auf, was du sehen möchtest, und handle mit dem Fahrer einen guten Preis aus. Sightseeing-Topspots sind die **U-Bein-Brücke**, der Myanmar Hill und diverse Tempel. Die fotogene U-Bein-Fußgängerbrücke über den Taungthaman-See ist mit gut 1000 m die längste Teakholzbrücke der Welt. Besonders schön anzusehen ist sie bei Sonnenuntergang. Angler werfen dort ihre Leinen aus, Mönche in dunkelroten Gewändern gehen vorüber, und übers Wasser gleiten bunte Boote, die man für ein paar Kyat mieten kann.

Am **Mandalay Hill** heißt es Treppen steigen, aber das allein ist schon ein Erlebnis. Junge Mönche wollen mit auf dein Foto, Hundewelpen spielen auf den 1700 Stufen, prächtige Buddhastatuen säumen den Weg. Oben angekommen, hat man eine fantastische Aussicht über die Stadt. Deine Schuhe musst du übrigens in den Rucksack stecken, denn Myanmars Tempel darf man nur barfuß betreten.

Unbedingt besuchen solltest du auch die Klöster Shwe Inn Bin sowie Shwenandaw und die Pagoden Mahamuni, Kuthodaw und Hsinbyume. Das **Shwe-Inn-Bin-** und das **Shwenandaw-Kloster** sind Teakholzbauten mit kunstvollen Schnitzereien. Vor allem gegen Abend triffst du dort Mönche an, die gern ihr Englisch an dir ausprobieren. Die **Kuthodaw-Pagode** gilt auch als »größtes Buch der Welt«, weil ihre 729 schneeweißen Stupas Teile der Lehren Buddhas beherbergen, allerdings nicht auf Papier, sondern eingemeißelt in Marmortafeln. Jährlich besuchen Tausende Pilger die **Mahamuni-Pagode** und kleben Blattgoldstückchen auf die mächtige goldene Buddhastatue. Einen so riesigen Gong wie hier wirst du wohl nie wieder sehen. Auch die leuchtend weiße **Hsinbyume-Pagode** solltest du dir nicht entgehen lassen.

BAGAN

Das bezaubernde Bagan ist ein Fest für jeden, der von den wunderbaren Tempeln Myanmars nicht genug kriegen kann. Buddhastatuen, Blattgold und rote Backsteinbauten beherrschen das Bild. Den schönsten Blick auf die zahllosen Pagoden hast du aus dem Heißluftballon; für

FAHR MIT DEM RAD, AUCH WENN ES GLÜHEND HEISS IST, ÜBER STAUBPISTEN VON TEMPEL ZU TEMPEL!

viele ist Bagan sogar der beste Ballon-Spot der Welt. Und wenn die Reisekasse es nicht zulässt? Allein die Ballons bei Sonnenaufgang über die Stupas schweben zu sehen ist ein atemberaubendes Erlebnis. Du kannst die Tempel auch per Rad besichtigen. Nimm dir ein, zwei Tage Zeit, auch wenn es glühend heiß ist, und fahr über Staubpisten von einem jahrhundertealten Bauwerk zum anderen – auch das ist ein echtes Erlebnis. Freundliche Einheimische zeigen dir geheime Winkel oder verkaufen Souvenirs. In zahlreichen Stupas entdeckst du beim Klang der Bronzeglocken selten schöne Buddhastatuen und prächtige Wandmalereien.
Die zehn sehenswertesten Tempel in Bagan sind die Shwesandaw Paya, die Pyathada Paya, Buledi Paya, Shwegugyi Paya, die Mahazedi-Pagode, der Ananda-Tempel, der Dhammayangyi-Tempel, die Shwezigon-Pagode, der Sulamani- und der Thatbyinnyu-Tempel.

KALAW

Wer gern wandert, sollte unbedingt mit einem Guide den zwei- bis dreitägigen Hike von Kalaw zum Inle-See unternehmen – vielleicht die schönste Wanderung in Myanmar überhaupt und mit etwas Kondition gut zu schaffen. Unterwegs siehst du majestätische Berge, grüne Teeplantagen und fruchtbare Täler, und auch vom Leben der Menschen bekommst du viel mit. Die Nacht verbringst du im Dorf eines traditionellen Bergvolks oder in einem Kloster. Nach 60 km Trekking kannst du dich mit einer Bootsfahrt über den weitläufigen Inle-See belohnen, den berühmtesten See des Landes.
Du möchtest mehr Bergdörfer sehen? Eine Wanderung abseits der Touristenpfade zu den Shan-Dörfern um Hsipaw gewährt dir einen Einblick in das Alltagsleben der dort heimischen ethnischen Minderheiten.

INLE-SEE

Im malerischen Dorf Nyaung Shwe am Inle-See kannst du einen Bootstrip buchen und dir für die Fahrt zu den heißen Quellen oder zum Weingut Red Mountain Estate ein Fahrrad leihen. Die dortigen Rot-, Weiß- und Roséweine sind natürlich Geschmacksache, aber etwas Besonderes ist die Weinprobe auf einem Hügel in Myanmar allemal. Die heißen Quellen kannst du gegen Eintritt in einem Spa genießen, es geht aber auch gratis in natürlichen Pools. Und auch das Chaos auf dem Markt in Nyaung Shwe mit seinen kunterbunten Obst- und Gemüseständen muss man gesehen haben. Hier findest du auch schöne Souvenirs.
Ein einzigartiges Erlebnis ist die Fahrt im Langboot über den See. Du siehst Fischer, die ihre Boote mit dem Fuß steuern, um die

Hände für das riesige Netz frei zu haben. Du gleitest an **schwimmenden Gärten** und an Dörfern vorüber, die auf hohen Stelzen stehen. Beim Spaziergang durch ein solches Dorf begegnen dir bei der kleinen Schule die fröhlichsten Kinder auf deiner ganzen Reise! Du siehst Einheimische in den Reisfeldern arbeiten oder Baumaterial für einen Hausbau bereitlegen. Vielleicht möchtest du einen Abstecher in eine Zigarrenmanufaktur oder eine Weberei machen, vor der bunte Bänder zum Trocknen hängen. Drinnen fertigen fleißige Hände wunderschöne Teppiche. Du kannst auch ein Kloster besuchen und dort jungen Mönchen begegnen. Auf dem Weg dorthin bräuchtest du mehr als zwei Hände, weil dir so viele Menschen freundlich zuwinken.

YANGON

Die einstige Hauptstadt und bis heute größte Stadt Myanmars verfügt wie Mandalay über einen internationalen Flughafen, an dem viele Backpacker-Reisen beginnen oder zu Ende gehen. Darüber hinaus gibt es in Yangon selbst einiges zu erleben: das **Karaweik Palace** etwa, ein Restaurant in Gestalt eines goldenen Schiffs, das auf dem Rücken zweier goldener Riesenwasservögel auf dem Kandawguyi-See zu dümpeln scheint. Falls dich die Tempelmüdigkeit noch nicht erfasst hat, besichtige die prunkvolle Shweda-

EIN EINZIGARTIGES ERLEBNIS IST DIE FAHRT IM LANGBOOT ÜBER DEN SEE.

gon-Pagode – ein Anblick, den man so schnell nicht vergisst. Sie ist fast 100 m hoch und mit geschätzten 60 t Blattgold überzogen. Der Tempelkomplex mit seiner Fülle an funkelnden Buddhastatuen, Wandmalereien und kleineren Pagoden ist das religiöse Zentrum Myanmars. Ein Highlight für sich ist das Alltagsleben in Yangon: Überall lachen dich Menschen an – die Zähne vom Betelkauen rot verfärbt, die Gesichter mit gelblich-weißer Thanaka-Paste bestrichen. Mönche in traditionell roten Gewändern schlendern durch die Straßen, und rund um die Tempel sieht man farbenprächtige Sarongs. Trishaws – Fahrradrikschas – rollen an dir vorbei, und an jeder Ecke gibt es Streetfood, das auf Plastikhockern verzehrt wird. An dem Angebot der Marktstände kann man sich gar nicht sattsehen.

BAGO und KYAIKTIYO

Von Yangon geht es über Bago weiter nach Kyaiktiyo. Unterwegs kommst du am mit Blattgold überzogenen, fast sechs Meter hohen **Goldenen Felsen** vorbei, der in 1100 m Höhe auf dem Rand eines Kliffs balanciert. Gekrönt von einer goldenen Pagode ist er eine der heiligsten buddhistischen Stätten Myanmars. Tausende Pilger kommen jährlich hierher.
Leg auf der Fahrt nach Kyaiktiyo einen Zwischenstopp in der Stadt Bago mit ihren vielen Tempeln und anderen religiösen Bauwerken ein. Statte z. B. dem riesigen liegenden Buddha Mya Tha Lyaung oder den vier gigantischen sitzenden Buddhas in Kyaik Pun einen Besuch ab. Eindrucksvoll ist auch die 114 m hohe **Shwemawdaw-Pagode**: In gleißendem Sonnenlicht tun dir bei ihrem Anblick richtiggehend die Augen weh.

NGAPALI und NGWE SAUNG

Du bist in den stillen Tempeln und verschlafenen Dörfern noch immer nicht ganz zur Ruhe gekommen? Du musst dich vom erzwungenen Social Detox aufgrund fehlenden WLANs erholen? Dann gönn dir noch ein paar entspannte Strandtage! Bei Ngapali und Ngwe Saung im Westen kannst du herrlich unter Palmen chillen, im warmen Meer schwimmen oder schnorcheln – der ideale Abschluss deiner Reise, denn jetzt hast du Myanmar wirklich von allen Seiten kennengelernt.

SÜDAFRIKA

Reisedauer	3–4 Wochen
Transport	Mietwagen, Bus, Flugzeug
Budget	€€€€€
Flug nach	Kapstadt, Johannesburg
Beste Reisezeit	Januar bis Mai, September bis November
Unterkunft	Lodge, Bed & Breakfast
Essen und Trinken	Strauß, Kudu, Wein

Safari IN SÜDAFRIKA

Backpacken in Südafrika heißt, Mutter Natur von ihrer schönsten Seite zu erleben: Wildlife, wie man es fast nirgends sonst zu sehen bekommt. Auch den typischen Backpacker-Vibe findest du hier, vor allem in den Hostels und Bars entlang der Long Street in Kapstadt. Wer nach Herzenslust surfen möchte, fährt nach Muizenberg oder Blouberg. Südafrikas Strände sind etwas Besonderes, nicht nur wegen der hohen Wellen, auch wegen ihrer tierischen Anwohner: Halte auf den Klippen von Hermanus Ausschau nach Walen, bewundere am Boulders Beach Hunderte Pinguine und begrüße bei St. Lucia die frisch geschlüpften Babyschildkröten. Südafrika ist auch deshalb perfekt für Backpacker, weil man so leicht mit den Locals in Kontakt kommt. Jeder Südafrikaner erzählt dir gern, was du über sein Land wissen möchtest.

VOM LION'S HEAD HAST DU EINEN TRAUMHAFTEN BLICK AUF KAPSTADT UND DEN TAFELBERG.

Ist Backpacken in Südafrika teuer?
Viele Backpacker glauben, Südafrika wäre unbezahlbar, dabei gibt es dort auch für das kleine Budget jede Menge Möglichkeiten. Buche Hostels statt Hotels, informiere dich gut, bevor du auf Safari gehst, und kauf im Supermarkt ein oder iss nur in preiswerten Restaurants. Auch das Reisen im Land muss nicht viel kosten: Fahr mit dem Baz Bus für Backpacker statt mit dem Mietwagen – der aber auch nicht teuer sein muss, wenn du ihn dir mit anderen teilst.

KAPSTADT
In Kapstadt beginnt dein Backpacking-Abenteuer. Die perfekte Ausgangsbasis ist die Long Street mit ihren lässigen Hostels und Happy-Hour-Bars. Hier triffst du andere Backpacker und hast es nicht weit zu Gratis-Highlights wie dem Bo-Kaap, der modernen **Waterfront** und den Stränden. Die Seilbahn auf den **Tafelberg** ist nicht ganz billig, und der Hike zum Gipfel hat es in sich. Wandere lieber die anderthalb Stunden auf den **Lion's Head:** Das kostet keinen Cent und ist schön abenteuerlich. Touristenmassen siehst du dort nicht, weil man nur zu Fuß hinaufkommt, und von oben hast du einen traumhaften Blick auf Kapstadt und den Tafelberg – sofern der nicht in Wolken gehüllt ist.

In Kapstadts buntestem Stadtteil **Bo-Kaap** leuchten die Häuser in sämtlichen Farben des Regenbogens. Hier wohnen muslimische Kapmalaien: Nachfahren der Sklaven, die aus anderen niederländischen Kolonien nach Südafrika gebracht wurden. Manche Fassade wird jedes Jahr in einer neuen Farbe gestrichen, sodass die Straßenzüge nie gleich aussehen.
Wenn du genug hast vom Trubel der Stadt, fahr an den Strand – die Auswahl ist riesig. Am Nobelstrand **Clifton Beach** erwartet dich St.-Tropez-Feeling pur. **Camps Bay** bietet weißen Sand, eiskaltes türkisblaues Wasser und eine grandiose Aussicht auf die **Zwölf Apostel** und den **Lion's Head**. Lust auf einen aktiven Strandtag? Dann fahr zum Kiten nach **Blouberg**.
Auch eine Tour durch die für Kapstadt so typischen Townships darf auf deinem Reiseplan nicht fehlen. So luxuriös und relaxed Kapstadt wirken mag – vor der Armut in den Townships sollte man nicht die Augen verschließen. Fahr mit einem Guide durch **Khayelitsha** oder **Gugulethu** und erlebe die verstörenden, aber auch schönen Seiten dieser Viertel. Lass dir im Mzoli's ein Steak braten, besuche einen Radiosender und eine Kindertagesstätte, kauf Souvenirs und hör einfach zu, was die Bewohner zu erzählen haben.

WENN DU DAVON TRÄUMST, WALE ZU SEHEN, MUSST DU INS FISCHERDORF HERMANUS ODER NACH DE HOOP.

KAP-HALBINSEL

Auf der felsigen, vom Atlantik umspülten Kap-Halbinsel gibt es viel zu sehen. Von Kapstadt kannst du über den **Chapman's Peak Drive** – für viele eine der schönsten Straßen Südafrikas – ins Kolonialstädtchen **Simon's Town** fahren. Dort tummeln sich am **Boulders Beach** Hunderte Pinguine. Du kannst sie gegen Bezahlung von den Viewpoints aus bestaunen, man sieht sie manchmal aber auch gratis am öffentlichen Strand. Nächster Halt ist das **Kap der guten Hoffnung** am südöstlichsten Punkt der Kap-Halbinsel. Bei Cape Point, wo der Atlantische und der Indische Ozean zusammentreffen, erwarten dich bei einer Wanderung zum Leuchtturm atemberaubende Ausblicke. Auf der Rückfahrt nach Kapstadt kommst du am riesigen botanischen Garten **Kirstenbosch** mit seiner spektakulären gewundenen Brücke vorbei.

STELLENBOSCH

Aus der Studentenstadt Stellenbosch kommen Spitzenweine. Rund um die Stadt mit ihren schönen kapholländischen Bauten gibt es 120 Weingüter. Viele siehst du schon auf der Fahrt in Richtung Franschhoek, und fast alle bieten Weinproben an. Du kannst sie auf eigene Faust besuchen, sinnvoller ist allerdings eine Tour, damit du hier und dort ein Gläschen trinken kannst, ohne um deinen Führerschein bangen zu müssen.

HERMANUS

Wenn du davon träumst, Wale zu sehen, musst du ins Fischerdorf Hermanus. Zwischen Juli und November kommen die Riesensäuger nah an die Küste, um sich zu paaren und ihre Kälber zur Welt zu bringen. Wenn du Glück hast, siehst du sie schon vom Wanderweg bei Hermanus aus; du kannst aber auch eine Bootstour buchen oder mit einem Guide im Kajak in See stechen. So hast du bessere Chancen, auch andere Tiere zu entdecken, z. B. Delfine oder Robben.

MONTAGU

Wer nicht genug kriegt vom Wein und der Kolonialarchitektur Südafrikas, fährt über die wunderschöne Route 62 nach Montagu. In dem beschaulichen Städtchen findest du eine Menge viktorianische Häuser mit *brookie lace* – filigranen schmiedeeisernen Verzierungen. Probiere Trockenfrüchte und Nüsse aus der Region und mach einen Spaziergang zum **Leidam Bird Sanctuary**, wo du unter anderem Ibisse und Reiher beobachten kannst.

DE HOOP

Nach einer längeren Fahrt über Dirt Roads nach De Hoop kannst du es bestimmt kaum erwarten, endlich echtes Wildlife zu sehen. Im De Hoop **Nature Reserve** radelst du auf dem Mountainbike an Zebras, Pavianen,

Straußen und Buntböcken vorbei. Mehr über Vögel, Meerestiere und die gewaltigen Dünen erfährst du auf einer geführten Wanderung über den Marine Walk.

GARDEN ROUTE

Einer der schönsten Roadtrips in Südafrika führt an der Küste entlang und durch grüne Naturparks über die Garden Route. In **Oudtshoorn** geht es los: Die Stadt ist bekannt für ihre vielen Straußenfarmen, du kannst dir aber auch die spektakulären Tropfsteinhöhlen der Cango Caves ansehen.
Surfhotspots sind die Dörfer **Jeffrey's Bay** und **Victoria Bay**, in denen du garantiert andere Backpacker triffst. Oder du fährst nach Knysna, wanderst zu den Knysna Heads und genießt den herrlichen Ausblick über Lagune und Meer. Ein schöner Küstenort ist auch **Plettenberg Bay**: Hier kannst du herrlich relaxen und durch das Naturschutzgebiet Robberg wandern. Mit etwas Glück sichtest du von den Kliffen Haie und Robben.
Einen Besuch wert ist auch **Stormsrivier** im Nationalpark **Tsitsikamma**. In den Hostels dort lernst du schnell andere Backpacker kennen und kannst dich mit ihnen zu einer Kajak- oder Blackwater-Tubing-Tour verabreden. Vom Nationalpark geht es an Land oder übers Wasser zurück an die Küste.
Echte Abenteurer wagen in **Bloukrans** den höchsten Brücken-**Bungee**-Sprung der Welt. Täglich stürzen sich dort nicht wenige Traveller 200 m in die Tiefe!

Den Abschluss deiner Tour über die Garden Route bildet ein Besuch im **Addo Elephant Park**. Auge in Auge stehst du hier Dutzenden von Elefanten gegenüber. Der Park ist nicht nur riesig, sondern auch bezahlbar und malariafrei. Man kann hier gut auf Selbstfahrer-Safari gehen.

DURBAN, ST. LUCIA und HLUHLUWE

Durban ist eine Multikulti-Stadt an der südafrikanischen Nordostküste. Sehr zu empfehlen sind hier das Rathaus, die Botanischen Gärten, ein Gang über die Golden-Mile-Strandpromenade und den Indian Market und am Abend ein Drink an der Florida Road. Der Hauptgrund für einen Trip in diesen Teil Südafrikas ist aber nicht die Stadt selbst, sondern ihre Umgebung: Wenn du Lust auf Sonne, Meer und Strand hast, fahr für ein paar Tage z. B. in den Küstenort **Ballito**.

Rund drei Autostunden sind es von Durban nach **St. Lucia**. Du merkst erst gar nicht, dass dieser Ferienort am Meer liegt, weil ringsum tiefgrüner Dschungel wuchert, und in dem Fluss, der mitten durchs Zentrum fließt, leben Nilpferde und Krokodile. Die Hippos können dir sogar auf der Straße begegnen, wenn sie nach Sonnenuntergang auf Futtersuche gehen. Abends am Strand kannst du auf einer Turtle Tour Schildkröten bei der Eiablage und Babyschildkröten beim Schlüpfen beobachten. Von St. Lucia ist es nur eine Stunde bis zum **Hluhluwe iMfolozi,** dem ältesten Wildschutzgebiet Südafrikas. Für eine

NASHÖRNER, BÜFFEL, AFRIKANISCHE ELEFANTEN, LÖWEN UND LEOPARDEN IN FREIER WILDBAHN ZU SEHEN IST EIN ÜBERWÄLTIGENDES ERLEBNIS.

Safari zum Backpacker-Preis bist du hier richtig. Als Selbstfahrer oder Teilnehmer einer Tour bestaunst du in der hügeligen Savannenlandschaft u. a. die Big Five und eine farbenfrohe Vogelwelt. Der Hluhluwe iMfolozi ist ein besonderer Naturpark, nicht nur wegen der Tiere, sondern auch weil unterwegs in vielen Dörfern Schulkinder – und Ziegen – an der Schnellstraße entlanglaufen.

JOHANNESBURG

Nach Johannesburg kommst du am besten mit einem Inlandsflug von **Port Elizabeth** oder Durban. Aber was genau zieht dich dorthin? Der Pilanesberg- und der Krüger-Nationalpark, die beide nur wenige Fahrstunden von Jo'burg entfernt sind. In der Stadt selbst empfiehlt sich eine geführte Radtour durch die berüchtigte Township **Soweto**. Sehr lohnend ist auch ein Besuch im Apartheid-Museum. Wenn du mehr von der Stadt sehen willst, buche eine Tour durch den quirligen Vorort Newtown oder eine Street-Art-Tour. Im hippen Maboneng gibt es coole Hostels, in denen du andere Backpacker kennenlernst.

PILANESBERG und KRÜGERPARK

Viele Südafrika-Reisende kommen nur wegen der Big Five. Kein Wunder! Nashörner, Büffel, afrikanische Elefanten, Löwen und Leoparden in freier Wildbahn zu sehen ist ein überwältigendes Erlebnis. Einer der besten Orte dafür ist der 350 km lange und 60 km breite Krügerpark. Du kannst hier natürlich zusammen mit einem Ranger auf Safari gehen, aber das eigene Auto ist auch eine Option – solange du nicht zu schnell fährst, den Tieren nicht zu nahe kommst und anhältst, sobald eine Kudu- oder Zebraherde die Straße überquert. Selbst zu fahren ist zwar billiger, allerdings fehlen dir da das geübte Auge und das Wissen des Guides. Die beste Zeit für eine Safari? Kurz nach Sonnenaufgang oder vor Sonnenuntergang.
Der Pilanesberg gehört mit dem Krügerpark zu den Top 5 der südafrikanischen Nationalparks. Er ist wesentlich kleiner, dafür aber weniger überlaufen als der Krügerpark und liegt im Krater eines erloschenen Vulkans – und mitten darin der Mankwe-Stausee. Auf Safari begegnest du lustigen Giraffen, massigen Nashörnern, Gnus, den urkomischen Warzenschweinen und stolzen Löwen. Es gibt zwar Lodges direkt am Park, aber je weiter entfernt du übernachtest, umso günstiger wird dein Pilanesberg-Trip. So ein Naturpark bildet den ultimativen Abschluss deiner Backpacking-Tour durch Südafrika.

KOLUMBIEN

Reisedauer	4 Wochen
Transport	Bus, Flugzeug
Budget	€€
Flug nach	Bogotá
Beste Reisezeit	Dezember bis Februar, Juli bis August
Unterkunft	Hostel
Essen	Bandeja Paisa, Ajiaco

Pulsierendes KOLUMBIEN

Für eine abenteuerliche, vielseitige und bezahlbare Backpacker-Reise durch Südamerika ist Kolumbien die erste Wahl! Hier erlebst du spektakuläre Naturparks, eindrucksvolle Ruinen abseits von Touristenmassen, gastfreundliche Menschen, ein tolles Nachtleben und paradiesische Strände. Zu Hause erntest du mit dem Backpacking-Reiseziel Kolumbien womöglich besorgte Blicke, doch seit den schlimmen Escobar- und FARC-Zeiten hat das Land viel für seine Sicherheit getan. Von A nach B kommst du am besten mit dem Bus, für lange Strecken sind auch Inlandsflüge mit einer Billig-Airline zu empfehlen.

06

DIE PALMEN IM VALLE DE COCORA MIT IHREN BIS ZU 60 METERN GEHÖREN ZU DEN GRÖSSTEN DER WELT.

BOGOTÁ

In der kreativen, aufstrebenden Hauptstadt startest du deine Backpacking-Reise durch Kolumbien. Im bunten Kolonialviertel **La Candelaria** findest du nette Hostels, in denen du schnell andere Backpacker kennenlernst. Es gibt hier coole Restaurants und kleine Bars für den Drink zwischendurch. Zum Pflichtprogramm in Bogotá gehört eine **Graffiti-Tour**. Du entdeckst dabei nicht nur grandiose Street-Art, sondern erfährst auch viel Spannendes über Kolumbien und die Murals im Allgemeinen. Probiere in Bogotá die heimischen Biersorten aus, flaniere über die **Plaza de Bolívar**, entdecke auf einer Foodtour die kolumbianische Küche, fahr mit der Seilbahn auf den Cerro de **Monserrate** und genieß den Panoramablick über die Stadt. Zu empfehlen sind auch die Museen in Bogotá – besonders an Regentagen, von denen es aufgrund der Höhenlage nicht wenige gibt.

VALLE DE COCORA

Die Palmen im Valle de Cocora mit ihren bis zu 60 Metern gehören zu den größten der Welt. Das Andental ist eins der beliebtesten Fotomotive in ganz Kolumbien. Entsprechend fahren täglich quietschbunte Jeeps hierher, und es gibt viele gute Übernachtungsmöglichkeiten. Die sattgrünen Berge sind stellenweise schier übersät mit gigantischen Wachspalmen, und eine Wanderung durch den Nebelwald ist ein absolutes Highlight. Ein besonders schöner Weg, auf dem dich Hunderte Kolibris begleiten, führt durch das Cocora-Tal ins Naturschutzgebiet **Acaime**. Auch der Hike nach La Montaña lohnt sich. Wie in Bogotá musst du dich auch im Valle de Cocora erst mal akklimatisieren, sonst kommst du beim Wandern ordentlich ins Schwitzen, solange du die Höhe noch nicht gewöhnt bist. Nicht weit von hier liegt das bunte Backpacker-Dorf Salento. Man merkt, dass man sich in der Kaffeeregion Kolumbiens befindet: An jeder Ecke bekommt man exzellenten, koffeinreichen Kaffee.

MEDELLÍN und GUATAPÉ

In Medellín, einst Brennpunkt der Drogenkriege in Kolumbien, erfährst du alles über den berüchtigten Drogenbaron Pablo Escobar. Sieh dir vor deiner Abreise die Serie *Narcos* an, um dir ein Bild von der grauenvollen Zeit zu machen (und selbst wenn du dich nicht dafür interessierst, ist Medellín eine tolle Stadt). Inzwischen reichen ein paar Tage kaum aus, um das sichere, moderne Medellín zu erkunden. Fahr mit der Seilbahn, besuche den **botanischen Garten** und lass dir in den Slums die Kehrseite der Medaille zeigen. Im Viertel El Poblado feierst du das Leben: Hier gibt es lässige Hostels, und abends stei-

BEI SAN BLAS UND RUND UM DIE CASA EN EL AGUA IST DAS WASSER SO KLAR, DASS MAN DIE FISCHE AUCH OHNE TAUCHERBRILLE SEHEN KANN – EIN PARADIES AUF ERDEN!

gen oft tolle Partys. Bei der **Real City Tour** lernst du alles über die stürmische Vergangenheit der Stadt und den Wandel, den sie durchlaufen hat.
Ein schöner Tagestrip führt per Bus nach Guatapé. Aus den offenen Fenstern regenbogenbunter Häuser schallt Musik, du schlenderst an einer hippen Bar nach der anderen vorbei, und durch die Straßen fahren wild bemalte Tuk-Tuks. Steig auf den gigantischen schwarzen Felsen **El Peñon** und genieß die sensationelle Aussicht über den indigoblauen Stausee und die grünen Inseln.

SAN GIL

Zum Paragliden geht es nach San Gil. Hier ist Adrenalin pur angesagt. Die Flüge starten am Chicamocha Canyon und landen oft sogar an derselben Stelle. Du rennst ein Stück bergab, und schon schwebst du minutenlang mit deinem Gleitschirm über die Berghänge. Diese Landschaft aus der Vogelperspektive zu sehen ist atemberaubend.

CARTAGENA

Cartagena an der nördlichen Karibikküste ist eine Stadt voller Leben. Wenn du hier durch den alten Stadtkern wanderst, tauchst du in eine angenehme Atmosphäre ein. Doch auch die Vororte sind einen Besuch wert: Dort erlebst du das wahre Kolumbien. Geh abends in eine der vielen kleinen Bars und tanze Salsa bis zum Abwinken! Man könnte tagelang durch Cartagena bummeln und sich über alltägliche Dinge freuen. Zum Chillen hast du natürlich den Strand.

SAN BLAS und Casa en el Agua

Cartagena ist der ideale Ausgangspunkt für eine Tour zu den sandigen San-Blas-Inseln, einem Archipel aus Hunderten Inseln. Du kannst aber auch für ein, zwei Tage zur Casa en el Agua fahren. Hier wie dort ist das Wasser so klar, dass man die Fische auch ohne Taucherbrille sehen kann – ein Paradies auf Erden! Die meisten Backpacker reisen per Segelboot nach Panama weiter, zu dem die San-Blas-Inseln gehören; die Casa en el Agua liegt noch in Kolumbien.

MINCA, TAGANGA und SANTA MARTA

In und um die **Sierra Nevada de Santa Marta** gibt es alles, was das Backpacker-Herz begehrt. Wer Natur pur und die große Freiheit erleben will, fährt in das winzige Dörfchen **Minca** mitten im Dschungel. Ultimativer Chillspot ist hier die Casa Elemento, ein typisches Backpacker-Hostel, das man nicht bucht, um sich auszuruhen, sondern um Leute kennenzulernen. Dort hast du aus der größten Hängematte Südamerikas den besten

CIUDAD PERDIDA LIEGT TIEF IM DSCHUNGEL, UND DIE MEHRTÄGIGE WANDERUNG DORTHIN GEHÖRT ZU DEN SCHÖNSTEN HIKES, DIE MAN IN KOLUMBIEN UNTERNEHMEN KANN.

Blick auf die grandiose Natur. Nimm dir auch Zeit für einen Hike: Rund um Minca gibt es wunderschöne Wanderwege.
Im Hippiedorf **Taganga** direkt am Meer hast du dein Vitamin-Sea-Depot im Handumdrehen aufgefüllt. Es gibt hier kuschelige kleine Hostels, keine großen Hotels wie in **Santa Marta**, der nächstgrößeren Stadt am Fuß der Sierra Nevada de Santa Marta. Dort kann man gut ausgehen und andere Backpacker treffen, aber noch schöner als in Minca und Taganga wird es dort nicht.

CIUDAD PERDIDA

Die einst von Angehörigen des indigenen Tayrona-Volks gegründete Ruinenstadt Ciudad Perdida darf auf deiner Backpacking-Reise nicht fehlen. Sie liegt tief im Dschungel, und die mehrtägige Wanderung dorthin gehört zu den schönsten Hikes, die man in Kolumbien unternehmen kann. Mit einer Handvoll anderer Backpacker und einem Guide tauchst du in den Dschungel ein, kämpfst dich durch Matsch und Modder und schläfst in Hängematten. Hier sind keine Touri-Massen unterwegs wie auf dem Indian Trail, und am Ende der nicht ganz einfachen Trekkingtour wartet die ultimative Belohnung auf dich: die Verlorene Stadt. Schön, dass man sie praktisch für sich allein hat – im Gegensatz etwa zu Machu Picchu in Peru. Nimm gegen die Mückenschwärme genug Insektenschutz mit und zieh schnelltrocknende Sachen an; die brauchst du in dem feuchten Klima.

TAYRONA-NATIONALPARK

Im Tayrona-Nationalpark stellst du fest, dass es Strandparadiese nicht nur in der Werbung gibt: Strände, Palmen über Palmen und ein verlockend türkisblaues Meer prägen hier das Bild. Am bekanntesten und wohl auch am schönsten ist der Strand am **Cabo San Juan del Guía**. Der Tayrona-Nationalpark, einer der beliebtesten in Kolumbien, lädt zum Relaxen am Strand ebenso ein wie zu aufregenden Hikes, auf denen du Affen, riesige Leguane und farbenprächtige Vögel zu Gesicht bekommst. Übernachten kannst du auf Campingplätzen, in Hütten oder Hängematten am Meer.

PALOMINO

Du kannst gar nicht genug kriegen von den Traumstränden Kolumbiens? Dann bau auch noch Palomino im Norden in deine Reiseroute ein. Genieß das tolle Backpacker-Flair und das Strandleben oder lass dich auf dem Fluss im Tubing-Reifen quer durch den Dschungel zurück ans Meer tragen. Palomino setzt einen entspannten und zugleich abenteuerlichen Schlusspunkt unter deine Reise durch das faszinierende Kolumbien.

PORTUGAL

Reisedauer	2–4 Wochen
Transport	Bus, Zug, Mietwagen, Flugzeug
Budget	€€
Flug nach	Porto, Lissabon, São Miguel, Faro
Beste Reisezeit	Mai bis Oktober
Unterkunft	Surfschule, Hostel, Camper
Essen und Trinken	Fisch, Pastel de Nata, Portwein

Überraschendes PORTUGAL

Beim Thema Backpacking denkst du wahrscheinlich nicht zuallererst an Europa. Doch auch unser Kontinent hält fantastische Backpacking-Abenteuer bereit. In Portugal erlebst du eine einmalige Backpacker-Atmosphäre und ein Gefühl grenzenloser Freiheit. Wildcampen, Inselhopping, tolle Hikes und Radtouren sind hier möglich, du kannst faszinierende Städte erkunden und nach Herzenslust surfen. Wer nicht auf Camping steht, hat die Wahl zwischen Hostel, Surfcamp, Airbnb-Unterkunft und Beachhouse. Auch Foodies kommen mit Pastel de Nata, herrlichen Fischgerichten, Portwein und anderen Weinen voll auf ihre Kosten. Die ultimative Backpacking-Route führt in Portugal übrigens nicht nur über Land, sondern auch zur Inselgruppe der Azoren.

07

STEIG AUF DEN TORRE DOS CLÉRIGOS UND LASS DEN BLICK ÜBER ZIEGELROTE DÄCHER SCHWEIFEN.

PORTO

Porto im Norden Portugals ist der ideale Startpunkt für deine Backpacking-Tour, denn auf der Fahrt von hier nach Faro im Süden bekommst du viel vom Land zu sehen. In Porto möchte man endlos umherschlendern. Auf Schritt und Tritt fallen einem die Azulejos ins Auge: bemalte Keramikfliesen, die viele Bauten schmücken – besonders prächtig die Fassaden der Kirchen Igreja de Santo Ildefonso und Igreja dos Carmelitas. Steig auf den Torre dos Clérigos und lass den Blick über ziegelrote Dächer schweifen. Bummle durch das Altstadtviertel Ribeira und bestaune die Wäscheleinen an den Häusern. Flaniere über die Avenida dos Aliados, wirf einen Blick in die Livraria Lello und genieß vom Ponte Luís I den Sonnenuntergang über dem Douro. Von hier gleicht Porto einem Meer von roten, gelben und weißen Häuschen. Verkoste in einem der vielen Portweinkeller Porto pur oder trink wie die Locals Porto Tonic. Der Abend lädt dazu ein, in einer gemütlichen Kneipe bei Fado-Klängen dahinzuschmelzen. Wenn du genug gesehen hast von der stimmungsvollen Stadt, fahr mit dem Zug weiter.

NAZARÉ, PENICHE und ERICEIRA

Das Fischerdorf Nazaré hat mehr zu bieten als nur die traditionellen Trachten der Frauen, bunte Boote, den Blick vom Leuchtturm in Sítio und den herrlich frischen Fisch: Nazaré gehört zu den angesagtesten Surfspots in ganz Europa. Speziell an der Praia do Norte und an der Praia do Sol hast du perfekte Surfbedingungen. In Nazaré selbst wurde mit der höchsten je gesurften Welle sogar mal ein Weltrekord aufgestellt. Du bist nicht so der Surfer? Im Sommer kannst du an den kilometerlangen Stränden auch einfach herrlich chillen. Surfanfänger finden in Peniche und Ericeira südlich von Nazaré beste Bedingungen für jedes Niveau. Mehrtägige Surfcamps bieten oft auch Yogakurse an und organisieren coole Partys.

LISSABON

Die Hauptstadt Portugals ist natürlich ein Muss. Flaniere durch die malerischen Gassen, fahr mit der legendären gelben Straßenbahn und genieß den Blick von den diversen Aussichtspunkten, den *miradouros*, z. B. vom Castelo de São Jorge und der Ruine des Convento do Carmo gleich neben dem eisernen Elevador de Santa Justa. Schöne Ausblicke bieten auch der Miradouro de Santa Luzia, die Portas do Sol und São Pedro de Alcântara im Stadtteil Bairro Alto, einem der schönsten Viertel Lissabons. Besonders abends werden die Gassen dort zu einer einzigen Open-Air-Kneipe, in der du viele andere Backpacker triffst. Mach auch einen Spazier-

FP-17-09

DER MIRADOURO DA BOCA DO INFERNO BEI SETE GEHÖRT ZU DEN MEISTFOTOGRAFIERTEN MOTIVEN DER GANZEN INSELGRUPPE.

gang vom Triumphbogen Arco da Rua Augusta über die sonnendurchflutete Praça de Comércio ans Ufer des Taag. Von hier kannst du gut die Baixa erkunden, den historischen Stadtkern Lissabons. Wenn sich der Hunger meldet, hol dir in einer Bäckerei ein Pastel de Nata, eine portugiesische Spezialität, die man einfach probiert haben muss. Geh in Belém über die Brücke **Ponte 25 de Abril**, und du kommst dir vor wie in San Francisco. Schau rüber zur Cristo-Rei-Statue, und du glaubst, du bist in Rio. Weitere Highlights sind der Torre de Belém, das Denkmal Padrão dos Descobrimentos und das Kloster Mosteiro dos Jerónimos. Leg auf der Rückfahrt ins Zentrum einen Zwischenstopp bei der ultrahippen **LX Factory** ein, wo auf einem ehemaligen Fabrikgelände Straßencafés, Bars, Kunstgalerien, Kreativflächen, Designerläden, angesagte Pop-up-Stores und sensationelle Street-Art entstanden sind. Auch die Stadtteile Alfama und Graça lohnen einen Besuch.

Um Lissabon herum

Von Lissabon aus kannst du schöne Tagesausflüge machen, z. B. nach **Sintra** mit seinen Prachtbauten wie dem Märchenschloss Palácio Nacional da Pena, dem Palácio de Monserrate und der Quinta da Regaleira. Wenn du davon träumst, wilde Delfine zu sehen, fahr nach Setúbal, und falls du noch Zeit hast, mach dich am Cabo Espichel auf die Suche nach Dinosaurierspuren. Wer der Hitze entkommen will, tut gut daran, einen Tag in **Estoril** zu verbringen: Palmen, eine schöne Strandpromenade und nette Straßencafés laden hier zum Relaxen ein.

AZOREN

Von Lissabon aus kannst du entweder über Land weiterreisen oder direkt auf die Azoren fliegen. Die neun Inseln liegen 1370 km vom Festland entfernt mitten im Atlantik. Mit ihren guten Flug- und Fährverbindungen sind sie fürs Inselhopping wie geschaffen.

SÃO MIGUEL

Die meisten Flüge von Lissabon zu den Azoren landen auf der größten Insel São Miguel. In der Hauptstadt Ponta Delgada kannst du eine Delfin- und Whalewatching-Tour buchen, du solltest aber auch einen Tag in der Altstadt verbringen. Sieh dir das schöne Stadttor Portas da Cidade, die Praça 5 de Outubro und die lange Avenida Infante Dom Henrique an. Moderne, bezahlbare Restaurants findest du hier zuhauf. Die schönsten Plätze liegen jedoch außerhalb der Stadt. Spektakuläre Viewpoints gibt es rund um Sete Cidades. Vom Miradouro da Boca do Inferno z. B. siehst du sowohl das Meer als auch den blauen und den grünen Teil des Kratersees. Mach

DIE BELIEBTE ALGARVE MIT IHREN TRAUMSTRÄNDEN DARF AUF DEINER BACKPACKING-REISE NATÜRLICH NICHT FEHLEN. WILDCAMPEN IST HIER KEIN PROBLEM.

am Miradouro da Vista do Rei eine Kajaktour. Sehenswert ist dort auch das aufgegebene Hotel. Den Kratersee Lagoa do Fogo solltest du ebenso wenig verpassen: Bequem zu erreichen ist von dort die Caldeira Velha, eine Art tropische Badeoase. Umgeben von Palmen kannst du im dampfenden Wasser des Kratersees dümpeln und dich unter den warmen Wasserfall stellen. Weitere Naturpools gibt es bei Furnas.

TERCEIRA

Die Insel Terceira ist kleiner als São Miguel, aber definitiv einen Besuch wert. Hier kannst du in den Vulkanschlot Algar do Carvão hinabsteigen, die wunderschöne Stadt Angra do Heroísmo erkunden und den kleinen Naturpark **Furnas do Enxofre** besuchen, in dem Schwefeldampf aus der Erde aufsteigt. Von der Serra do Cume, dem schönsten Aussichtspunkt der Insel, blickst du auf Weideflächen mit Begrenzungsmäuerchen aus Naturstein hinab.

Noch mehr sehen auf den Azoren

Von der fruchtbaren Vulkaninsel Pico – hier liegt der höchste Punkt Portugals – geht es nach Faial. Zu den Azoren gehören außerdem die Inseln São Jorge, Santa Maria, Flores, Corvo und Graciosa. Zwei dieser Inseln pro Woche kann man locker erkunden.

ALENTEJO

Im Landesinneren liegt die beschauliche Region Alentejo. Wem der Sinn nach Social Detox steht und wer wirklich zur Ruhe kommen will, ist hier gut aufgehoben. Im malerischen **Monsaraz** kannst du herrlich entspannt an weiß gekalkten Häusern vorbei über steile Kopfsteinpflastergassen schlendern und den traumhaften Blick auf den Alqueva-Stausee genießen. Nachts ist es hier so dunkel, dass du die Sterne besser siehst als anderswo in Europa.
Auch die Studentenstadt Évora gehört zum Pflichtprogramm. Hier kannst du dich schön gruseln: In der Capela dos Ossos sind die Wände mit Tausenden menschlichen Schädeln und Gebeinen bedeckt. Erhol dich davon in einem Café auf der Praça do Giraldo und besichtige dann den imposanten römischen Tempel.
Ein weiterer Grund für eine Fahrt ins Alentejo sind die vielen Weinberge. Doch nicht nur Reben prägen die Landschaft, sondern auch Ölbäume und Korkeichen. 1000 km Wanderwege machen das Alentejo zu einem Hikerparadies, und überall gibt es schöne Ferienhäuser, die dazu einladen, sich mit einem guten Buch auf der Terrasse niederzulassen oder auch an einem Zen- oder Yogaretreat teilzunehmen.

ALGARVE

Natürlich darf auf deiner Backpacking-Route auch die beliebte Algarve mit ihren Traumstränden nicht fehlen. Wildcampen ist hier kein Problem. Sofern du mit dem Camper unterwegs bist, kannst du auf einem Parkplatz am Meer übernachten, am besten an abgelegenen Stränden wie der Praia de Albandeira oder in den Buchten nördlich von Sagres. Wer gern feiert, geht nach Albufeira; wer einen ruhigen Abend am Meer vorzieht, fährt nach Sagres am südwestlichsten Punkt des europäischen Festlands und genießt beim Leuchtturm am Cabo de São Vicente den Sonnenuntergang. Eindrucksvolle Kliffe ragen hier aus der Brandung. Das stürmische Meer macht die Strände bei Sagres zu den besten Surfspots im Süden. Wer relaxen will, fährt ins malerische Lagos. Bei Ponta da Piedade kannst du auf den Küstenwanderwegen einen Aktivtag einlegen. Von der Praia da Marinha, einem der schönsten Strände Europas, kannst du zur Höhle von Benagil wandern. Auch die nahe gelegene ruhige Praia do Carvoeiro ist zu empfehlen.

FARO

Im charmanten Faro lass dir für ein paar Tage dort, wo auch die Locals essen, die portugiesische Küche schmecken, genieß ein letztes Mal Sonne und Meer und nimm Abschied von deinem Portugal-Abenteuer.

KANADA

Reisedauer	3–4 Wochen
Transport	Mietwagen
Budget	€€€€
Flug nach	Vancouver, Edmonton
Beste Reisezeit	Mai bis September
Unterkunft	Hostel, Glamping
Essen	Poutine

Wandern IN KANADA

In Westkanada erwarten dich atemberaubende Naturschutzgebiete, endlose Straßen und einige der schönsten kanadischen Städte. Nimm dir in Vancouver einen Mietwagen, wirf Rucksack und Daypack auf die Rückbank, und los geht dein Roadtrip durchs westliche Kanada. Die ultimativen Highlights dieser Backpacking-Reise? Wandern im Joffre Lakes Provincial Park und am eisblauen Lake Louise, Autofahren auf dem grandiosen Icefields Parkway, Ziplinen in den Bergen um Whistler und der Blick über den Gletschersee Peyto Lake.

08

WANDERN IN KANADA

BEE-BELL HEALTH BAKERY
CANADIAN
CANADIAN NATIONAL RAILWAYS
FREIGHT TELEGRAMS
CLIFF'S
AUTO PARTS
The Art Store
APPLIANCES
W.C.KAY
JEWELRY GIFTWARE
X-L FURNITURE
RUG
SERVICE LTD.

IN VANCOUVER HAST DU EINE GROSSE AUSWAHL AN HOSTELS UND ERKUNDEST DIE STADT AM BESTEN PER FAHRRAD.

VANCOUVER

Das Abenteuer beginnt in Britisch-Kolumbien, genauer gesagt in Vancouver: Hier hast du eine große Auswahl an Hostels und erkundest die Stadt am besten per Fahrrad. Leih dir eins am Stanley Park und fahr zu den Totempfählen am Brockton Point, zur Lions Gate Bridge und zur Capilano **Suspension Bridge**. Die berühmte Hängebrücke zu überqueren gehört auf deine Bucketlist – Höhenangst darfst du hier allerdings nicht haben!

Vancouvers lebendigster Stadtteil – tagsüber wie abends – ist **Gastown**. Hier wimmelt es von trendigen Restaurants und Läden, aber allein ein Spaziergang durch die historischen Straßen ist ein Erlebnis. Raymond Saunders' Dampfuhr solltest du dabei nicht verpassen.

In der English Bay mit ihrem langen Strand bist du weitab vom Trubel der Innenstadt. Im Morton Park findest du Vancouvers witzigstes Kunstwerk: Es heißt A-maze-ing Laughter und besteht aus 14 riesigen Bronzefiguren asiatisch aussehender, breit lachender Männer in lustigen Posen, die der Künstler Yue Minjun geschaffen hat.

WHISTLER

Die nächste Station ist Whistler, im Winter ein traumhaftes Skigebiet, im Sommer ein Paradies für Wanderer und Mountainbiker. Viele kommen auch wegen der **Peak 2 Peak Gondola** her, einer rekordverdächtigen Seilbahn, die den Blackcomb Peak mit dem Whistler Mountain verbindet. Auf beiden Bergen gibt es Wanderwege, abenteuerlicher ist es aber, die Landschaft von der Zipline aus zu sehen. Der Parcours trägt dich mit Highspeed über Schluchten und Täler und lässt fantastische Ausblicke an dir vorüberziehen. Dich erfasst ein Gefühl grenzenloser Freiheit – sofern du keine Höhenangst hast.

Im ultimativen Backpacker-Restaurant El Furniture Warehouse im Dörfchen im Tal zahlst du für jedes Gericht 4,95 $.

JOFFRE LAKES

Einer der schönsten Hikes in Westkanada beginnt in Joffre und führt an drei Gletscherseen vorbei, von denen einer blauer als der andere ist. Zwischen hohen Bäumen und bunten Wildblumen begegnest du anderen Hikern, die dich meist fröhlich grüßen und dir Mut machen, bis zum Ende durchzuhalten. Der erste See liegt direkt am Parkplatz, der steile Weg zum zweiten mit seinen vielen Treppenstufen hat es in sich, belohnt dich aber mit einem unvergesslichen Blick auf den **Matier-Gletscher**. Zum dritten See – unterwegs überrascht dich ein donnernder Wasserfall! – ist es dann nur noch eine knappe halbe Stunde. Echte Abenteurer nehmen ihr Zelt mit, denn dort oben gibt es Campingplätze,

IN DEN HOSTELS SIEHT MAN, WIE UNTERSCHIEDLICH BACKPACKER DURCH WESTKANADA REISEN.

sehr einfache zwar, aber dafür hat man morgens gleich den Upper Joffre Lake vor sich. Die ganze Wanderung dauert zweieinhalb Stunden.

CLEARWATER

Clearwater ist der ideale Zwischenstopp auf der langen Fahrt von Whistler nach Jasper. Hier beginnt der Wells Gray Provincial Park mit den Helmcken Falls, die zu den schönsten Wasserfällen an dieser Backpacking-Route gehören. Mach am Bailey's Chute halt und sieh den **Lachsen** beim Springen zu, die auf ihrer Wanderung im Herbst zu Tausenden zum Laichen stromaufwärts ziehen. Hostels gibt es hier nicht, aber auf Airbnb findest du bezahlbare Unterkünfte.

JASPER-NATIONALPARK

Perfekte Ausgangsbasis für alle Highlights, die du im Jasper-Nationalpark besuchen möchtest, ist die Stadt Jasper. Es gibt dort mehrere Hostels, darunter das Jasper Downtown Hostel im Zentrum. Dort schläfst du in einem großen Dorm, kochst dir dein Essen in der Gemeinschaftsküche und kannst dich mit anderen Backpackern zu Tagesausflügen verabreden. Erwarte aber kein Partyhostel – nach Kanada fährt man, um die Natur zu genießen, nicht um zu feiern. In den Hostels sieht man zudem, wie unterschiedlich Backpacker durch Westkanada reisen: Die einen bleiben eine Zeit lang an einem Ort, um ausgiebig zu wandern, und tun sich für die Autofahrt zum nächsten Ziel mit anderen Backpackern zusammen. Andere reisen per Bahn oder Bus, und wieder andere – sogenannte Flashpacker – sind im Mietwagen unterwegs.

Im Jasper-Nationalpark solltest du unbedingt im Kajak über den Pyramid Lake paddeln und auch Medicine und den Maligne Lake besuchen. Die Ureinwohner nannten den lang gestreckten Medicine Lake »schlechte Medizin«, daher auch sein Name. An wolkenlosen Tagen spiegeln sich darin glasklar die Berge ringsum. Zur wunderschönen Halbinsel **Spirit Island** im Maligne Lake, einem der beliebtesten Fotomotive in den kanadischen Rockies, gibt es Bootstouren, du kannst aber auch im Mietkanu oder -kajak die 14 km paddeln, am besten auf einer mehrtägigen Tour. Wenn du am Ufer zeltest, hast du beste Chancen, Wildlife zu sehen.

Weitere Highlights im Jasper-Nationalpark sind der Athabasca-Gletscher und die Athabasca Falls fast direkt am berühmten **Icefields Parkway** zwischen Jasper und Banff. Der 6 km lange Athabasca-Gletscher, eine der Hauptzungen des Columbia-Eisfelds, wirkt schon von der Straße aus riesig, und je näher du kommst, umso gewaltiger werden die Ausmaße. Geh bis

an den Rand oder buche eine geführte Gletscherwanderung. Die Athabasca Falls sind zwar nicht die höchsten Wasserfälle der kanadischen Rockies, gehören aber zu den schönsten.
Wer noch Zeit und Geld übrig hat, sieht sich den Jasper-Nationalpark aus der Vogelperspektive an und fliegt im Helikopter über tiefblaue Seen und weiße Gletscher.

EISBLAUE GLETSCHERSEEN

Auf der Fahrt von Jasper nach Banff weißt du ein Mietauto mehr denn je zu schätzen, weil du immer wieder anhalten möchtest, um die Aussicht zu genießen. Wandere vom **Peyto Lake** zum Aussichtspunkt Bow Summit und lass dich vom Blick über den überirdisch schönen türkisfarbenen See überwältigen. Am **Bow Lake** erwarten dich ein weiterer Viewpoint und eine coole Wanderung zu den Bow Glacier Falls. Weiter südlich liegen zwei der schönsten Bergseen: **Lake Louise** und Moraine Lake. Hier wird dir klar, warum so viele Backpacker von Westkanada schwärmen. Du kannst um den eisblauen See herumwandern, sehr zu empfehlen ist auch ein längerer Hike zum Lake Agnes Tea House oder zum Plain of Six Glaciers Tea House. Der **Moraine Lake** liegt etwas weiter vom Highway entfernt. Besonders schön anzusehen ist er bei Sonnenuntergang, wenn sich das Wasser erst leuchtend blau färbt und dann zig Farbschattierungen durchläuft. Du kannst gar nicht genug kriegen von blauen Seen? Dann fahr auch noch zum **Emerald Lake**.

BANFF

Bei Banff übernachtest du am besten auf einem Campinglatz. Wenn deine Reisekasse es erlaubt, leiste dir ein paar Nächte Glamping: In Golden stehen trendig eingerichtete Zelte bereit, in Kanakassis hast du die Wahl zwischen Tipi und Safarizelt. Wer beim Campen kochen will, sollte sich erst erkundigen, ob wegen der häufigen Waldbrände in Britisch-Kolumbien und Alberta offenes Feuer erlaubt ist. Nach dem Essen muss alles gut verstaut werden – nicht dass plötzlich ein Bär am oder *im* Zelt auftaucht und die Essensreste plündert. Bei klarem Himmel siehst du hier vielleicht sogar Polarlichter. Aber allein schon der Sternenhimmel ist ein einzigartiges Erlebnis.

EDMONTON

Die fünftgrößte Stadt Kanadas liegt ein Stück nördlich von Calgary. Im Zentrum gibt es viele schicke Restaurants und Läden, und alljährlich findet hier eine Reihe von Festivals statt, z. B. das Fringe Festival und diverse Winterfestivals, bei denen Eiswettbewerbe ausgetragen und Eisburgen gebaut werden. Der nahe gelegene **Elk-Island-Nationalpark** lädt zu einer Kajaktour ein. Ein heißer Tipp ist auch eine Mountainbike-Tour durch das River Valley. Das freundliche Edmonton, wo Stadt und Natur zusammentreffen und die spontanen Menschen dich gern zum Lachen bringen, setzt den perfekten Schlusspunkt unter deine Reise.

NEPAL

Reisedauer	3 Wochen
Transport	Bus, Flugzeug
Budget	€
Flug nach	Kathmandu
Beste Reisezeit	März/April, Oktober/ November
Unterkunft	Guesthouse, Berglodge
Essen	Dal Bhat, Momos

Trekking IN NEPAL

Das mystische Nepal ist ein Land der Extreme. Nach einer Woche im Gewühl der staubigen Straßen Kathmandus findest du dich mitten im Nirgendwo wieder: auf dem Annapurna Circuit, einer der weltbesten Trekkingrouten. Nepal ist etwas für Abenteurer, ein Backpacking-Land für Kultur- und Naturliebhaber. Es gibt auf deiner Reise nur eine einzige Konstante: die flatternden tibetischen Gebetsfahnen. Für Backpacker ist Nepal nicht nur deshalb ideal, weil es so vielseitig und seine Kultur so anders ist als die westliche, sondern auch weil es spottbillig ist. Wundere dich nicht, wenn die Übernachtungen auf einer mehrtägigen Trekkingtour nur ein paar Euro kosten. Nach dem verheerenden Erdbeben 2015 kann das Land Einnahmen aus dem Tourismus gut gebrauchen, und Backpacker sind hochwillkommen.

09

TREKKING IN NEPAL

ANFANGS VERSCHLÄGT ES DIR SCHIER DEN ATEM, DOCH NACH EINER WEILE ZIEHT DICH DAS EINFACHE LEBEN HIER IN SEINEN BANN.

KATHMANDU

Die meisten Backpacker beginnen ihre Nepal-Reise in Kathmandu. Dort erwartet dich ein Kulturschock: der Smog in der Luft, der Staub in den Straßen, das bunte Gewimmel der Locals – und in all dem Chaos plötzlich ein prachtvoller Tempel. In Kathmandu stürmen Reize und Eindrücke nur so auf dich ein. Anfangs verschlägt es dir schier den Atem, doch nach einer Weile zieht dich das einfache Leben hier in seinen Bann. Bei aller Hektik hat die Stadt eine Reihe spannender Sehenswürdigkeiten und Erlebnisse zu bieten. Besichtige den **Affentempel**, an dem sich Dutzende Affen tummeln – die Aussicht von dort ist sensationell –, schlendere über den **Durbar-Platz,** sieh dir die Tempel und Paläste ringsum an und genieß es einfach, den Menschen zuzuschauen. Ein besonderer Ort ist die Hindu-Tempelstätte **Pashupatinath**. Hier liegen Leben und Tod dicht beieinander, denn am Bagmati-Fluss finden täglich Leichenverbrennungen statt. Halte an dieser heiligen Stätte aus Rücksicht auf die Hinterbliebenen gebührenden Abstand. Du siehst hier auch viele Sadhus, »heilige Männer« mit bemalten Gesichtern und oft langen Bärten; wohl niemand in Nepal wird so oft fotografiert wie sie. Statte zum Schluss dem größten Stupa der Welt im Vorort **Bodnath** einen Besuch ab. Übernachten kannst du im Backpacker-Viertel **Thamel**, wo du zahlreiche andere Traveller triffst und fehlende Ausrüstungsgegenstände für deinen Trek bekommst. Streife einen Tag lang durch das Gassengewirr und lass dir am Abend regionale Gerichte schmecken – Momos dürfen dabei nicht fehlen. Willst du schon vor deiner Trekkingtour raus aus dem Trubel? Dann verbringe einen Tag im wunderschön angelegten **Garden of Dreams**, einer Oase der Ruhe im lärmenden Kathmandu.

CHITWAN

Wer wilde Tiere sehen will, fährt in den Chitwan-Nationalpark. Der Bus braucht von Kathmandu locker fünf bis sieben Stunden für die knapp 200 km. Wenn du einen öffentlichen Bus nimmst, wird dein Rucksack aufs Dach gewuchtet, und du sitzt eingezwängt wie in einer Sardinenbüchse zwischen den Locals. Teurer, aber sehr viel komfortabler sind die Touristenbusse, doch ob so oder so: Es dauert …
In Chitwan tauchst du schließlich auf einer geführten Bootstour – viele der Boote sind aus einem einzigen Baumstamm gefertigte, traditionelle Kanus – in den Dschungel ein und hältst Ausschau nach Nashörnern, Elefanten, Hirschen, Affen und Tigern. Im braunen Wasser schwimmen Krokodile, und in den Bäumen sitzen bunte Vögel. Du kannst den Park auch bei einer Jeepsafari erkunden. Billiger, aber

AM SCHÖNEN PHEWA-SEE BEI POKHARA KANNST DU VOR DER KULISSE DES HIMALAJA CHILLEN UND DEINE TREKKINGTOUR PLANEN.

nicht ganz ungefährlich ist ein Dschungel-Walk, für den du einen wirklich guten Guide brauchst, denn du bewegst dich hier tatsächlich zwischen wilden Tieren.

POKHARA

Eine gute Ausgangsbasis für Backpacker, die in der imposanten Bergwelt Nepals wandern möchten, ist Pokhara. Du wirst die Stadt allerdings nicht gleich wieder verlassen wollen, weil es hier so viel entspannter zugeht als in Kathmandu. In einem der vielen Cafés am schönen Phewa-See kannst du vor der Kulisse des Himalaja chillen und in aller Ruhe deine mehrtägige Trekkingtour am Annapurna planen. Du möchtest die Gegend erkunden? Dann mach dich per Mietroller oder -fahrrad auf den Weg, buche eine Bootstour über den See oder unternimm eine Tageswanderung. Auch andere Aktivitäten werden in Pokhara angeboten, z. B. Yogakurse, Paragliding und SUP. Kultur schnuppern kannst du am Shanti Stupa, der Friedenspagode. Wenn du bereit bist für die Annapurna-Umrundung, steig in den Bus nach Besisahar und besorg dir dort die nötigen Genehmigungen. Jetzt kann es losgehen!

WANDERN IM HIMALAJA

Wer nicht im Himalaja wandern war, der war nicht in Nepal. Als Erstes denkt man natürlich an den Mount Everest, aber vielleicht noch eindrucksvoller ist der Annapurna Circuit, eine der bekanntesten Trekkingrouten Nepals. Die Tour dauert mindestens 14 bis 18 Tage. Am ersten Tag geht es über mehrere Stunden von Besisahar nach Bhulbhule. Die folgenden Tage führen dich durch Bergdörfer wie Ghermu, Tal und Chame, die grünen Täler weichen grauem Fels und weißen Schneebergen.
Während des Treks musst du ab und zu ein paar Tage rasten, um dich immer neu zu akklimatisieren, z. B. in Manang – was keine Strafe ist, denn in den kleinen Kinos dort laufen großartige Berg- und Outdoorfilme wie etwa *Sieben Jahre in Tibet* und *Wild*. Dein Körper muss sich an die Höhe gewöhnen, und du tust gut daran, dich über die Höhenkrankheit zu informieren. Du musst z. B. reichlich Wasser trinken und solltest ab 3000 m nur noch maximal 500 Höhenmeter pro Tag zurücklegen. Wenn du dich schlapp fühlst, iss einen Schokoriegel, so eine Zuckerbombe braucht man hier einfach ab und zu.
Von Manang oder Braga kannst du einen Abstecher zum Ice Lake machen, und an der Strecke über Khangsar nach Yak Kharka liegt ein spektakulärer Viewpoint. Im wahrsten Sinne Höhepunkt des Treks ist der **Thorong La**. Der Tag, an dem du diesen Pass erreichst – wegen der dünnen

WEL COME TO
FRESH COLD/HOT DRINKS
SHOP
POONHILL·TEA·SHOP
MENU
RS.
BLACK TEA =130
LEMON TEA =140
GREEN TEA =140
MILK TEA =150
MASALA TEA =160
GINGER TEA =140
BLACK COFFEE =160
MILK COFFEE =170
HOT CHOCOLATE=170
GINGER HONEY =160
LEMON HONEY =160
HOT MILK =150
HOT WATER =100
COKE,FANTA,SPRITE:250
CHOCOLATE BAR=200

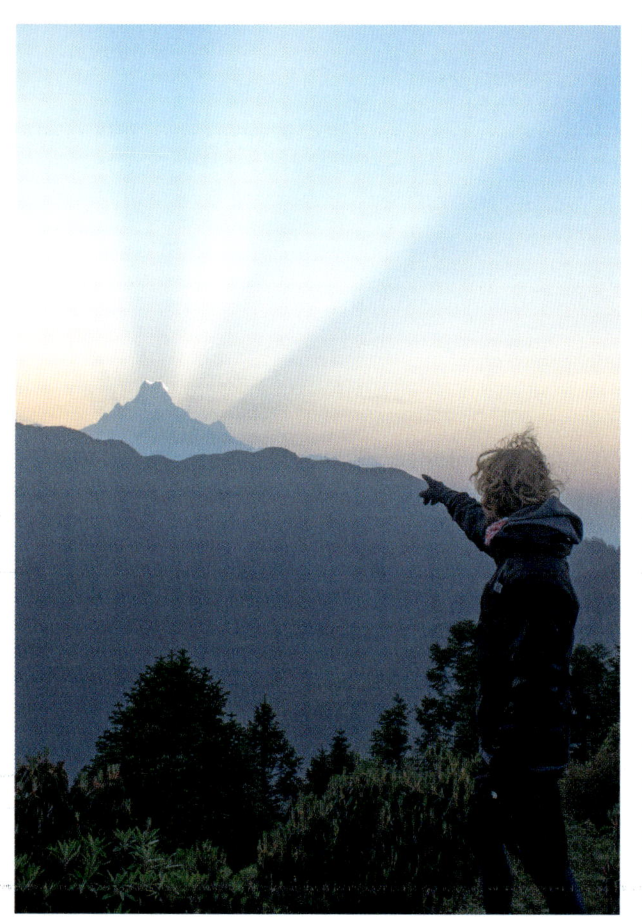

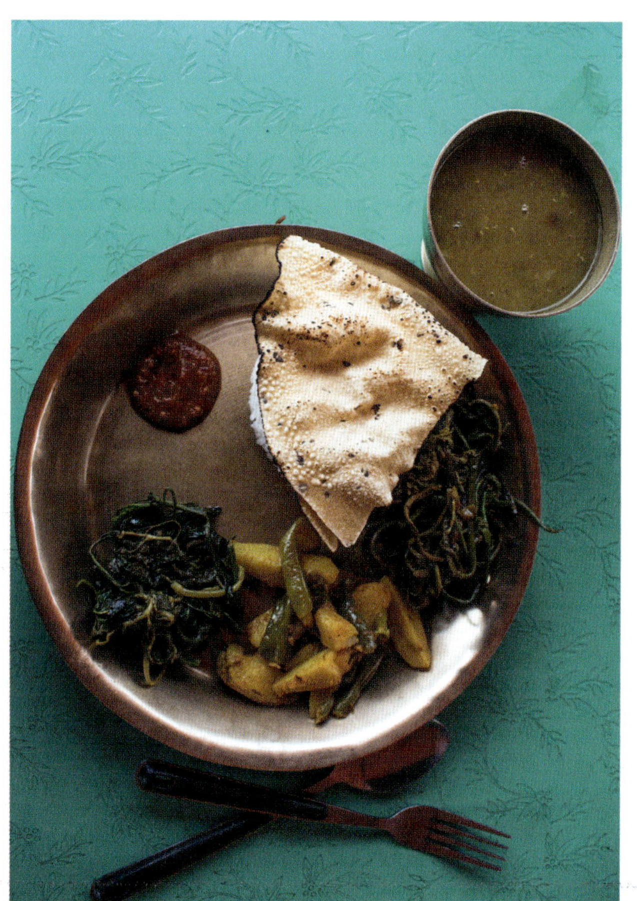

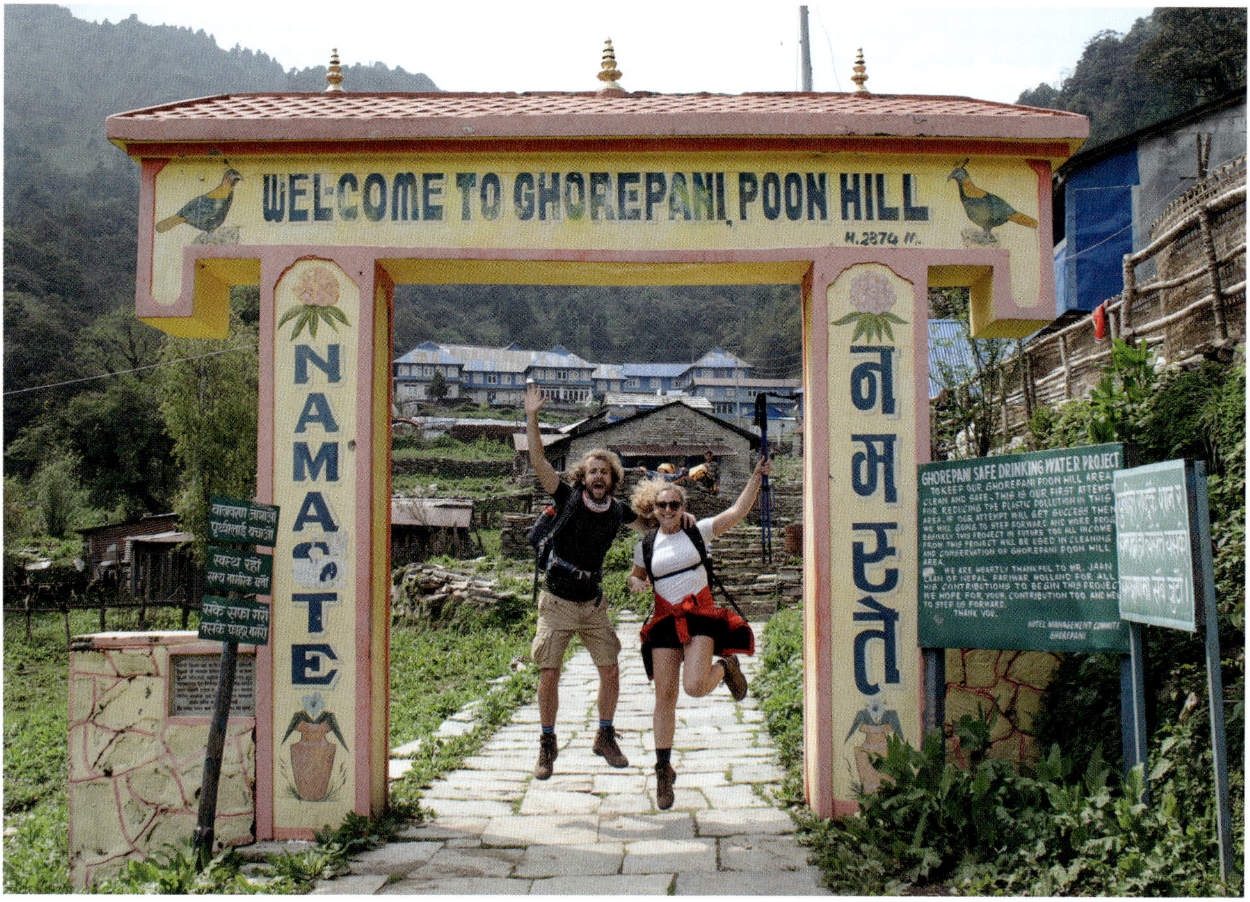
WELCOME TO GHOREPANI, POON HILL
H.2874 M.
NAMASTE
नमस्ते
GHOREPANI SAFE DRINKING WATER PROJECT
THANK YOU.

AM THORONG-LA-PASS STEHST DU AUF EINER DER SCHÖNSTEN BERGHÖHEN DER ERDE.

Luft nur langsam, Schritt für Schritt –, ist einer der anstrengendsten. Lass dir dort oben unbedingt Zeit, um die herrliche Aussicht zu genießen und den Moment auszukosten. Man befindet sich schließlich nicht alle Tage auf 5416 m! Hier, auf einer der schönsten Berghöhen der Erde, wird dir bewusst, wie klein und nichtig wir Menschen sind. **Muktinath**, das erste Dorf nach dem Pass, ist ein Pilgerort.
Du hast nicht so viel Zeit? Dann mach den kürzeren Poon Hill Trek und genieß im Angesicht des Himalaja den einzigartigen Sonnenaufgang am Poon Hill. Wer mehr Zeit hat, kann natürlich den Annapurna und den Poon Hill machen. Die beste Zeit für eine Trekkingtour in Nepal ist zwischen September und November, da ist das Wetter klar, trocken und nicht zu kalt. März, April und evtl. Mai sind ebenfalls möglich. Denk aber daran, dass die Guesthouses in der Hochsaison ausgebucht sein können und du evtl. noch ein Dorf weiter wandern musst. Andere Touren, die du dir überlegen kannst, sind die Treks zum Annapurna- und zum Everest-Basislager, außerdem der Manaslu Circuit und der Langtang Valley Trek.

KATHMANDUTAL

Am Ende der Reise tut es gut, noch ein paar Tage im Kathmandutal, nicht in Kathmandu selbst zu verbringen. Bewundere die Königsstadt **Bhaktapur** mit ihren einzigartigen Tempeln und Plätzen, besichtige die jahrhundertealten Bauten, geh in den kleinen Restaurants lecker essen und schlendere über den Taumadhi-Platz, den Dattatreya-Platz und den Töpfermarkt. Der Durbar-Platz hier ist viel schöner als der in Kathmandu. Durch Bhaktapur geht man wie durch ein Freilichtmuseum und hat das Gefühl, das authentische Nepal zu erleben. Fahr zum Schluss noch für ein, zwei entspannte Tage nach Nagarkot und genieß ein letztes Mal den Blick auf den Himalaja, am besten bei Sonnenaufgang, wenn sich die weißen Gipfel golden färben. An klaren Tagen kann man von hier den Mount Everest sehen. Dann heißt es Abschied nehmen von diesem magischen Land und deiner unvergesslichen Backpacking-Tour durch Nepal.

THAILAND
Reisedauer 4 Wochen
Transport Bus, Zug, Boot
Budget €
Flug nach Bangkok
Beste Reisezeit November bis April
Unterkunft Hostel, Bambushütte
Essen Pad Thai, Mango-Klebreis

Budget-freundliches THAILAND

Für deine erste Backpacking-Reise bietet sich am ehesten Thailand an. Du triffst dort viele andere Backpacker, sodass du auch gut allein reisen kannst. In Thailand erlebst du eine der weltweit besten Strandpartys – die Full Moon Party –, aber wer feiern will, kommt auch in der Khao San Road in Bangkok auf seine Kosten. Das ganze Land scheint auf Backpacker eingestellt zu sein: Es gibt Unmengen von Hostels, und die öffentlichen Verkehrsmittel sind hervorragend organisiert. Thailand ist außerdem eins der günstigsten Backpacking-Ziele überhaupt: Du übernachtest dort für weniger als 10 €, und schon für 2 € bekommst du in einer Garküche einen Teller Pad Thai – von weiteren Highlights ganz zu schweigen!

TAXI
TAXI

AUF DEN DREI INSELN FINDEN DIE BESTEN PARTYS STATT, ES SIND TAUCHERPARADIESE, UND AN DEN STRÄNDEN KANN MAN HERRLICH RELAXEN.

KHAO SAN ROAD

Viele Backpacker starten ihre Tour in Thailands Hauptstadt Bangkok und übernachten im Umkreis der Khao San Road. Hier steppt der Bär, mittlerweile auch in der Rambuttri Road, einer Art Verlängerung der Khao San Road. Selbst in den Seitengassen sind die Hostels voll mit Backpackern. Entlang der großen Straßen findest du zwischen den vielen Clubs, Cafés, Shops und Restaurants mit ihren Leuchtreklame-Schriftzügen auch kleine Garküchen, die Pad Thai, Frühlingsrollen, Pfannkuchen und Mango-Klebreis anbieten. Gut möglich, dass dich der chaotische Trubel auf der Khao San Road begeistert, vielleicht willst du aber auch nichts wie weg.

BANGKOK

Von den prächtigen Tempeln in der Hauptstadt gehören folgende auf deine To-do-Liste: Wat Arun, Wat Pho und Wat Phra Kaeo im alten **Königspalast**. In allen findest du unzählige Buddhastatuen, Mosaiken und goldene Ornamente. Fahr mit dem Tuk-Tuk auch zum gigantischen Chatuchak-Markt mit seinem Riesenangebot an verlockenden Souvenirs oder buche bei Co van Kessel eine Radtour, um die Stadt von einer ganz anderen Seite kennenzulernen. Du fährst durch grüne Vororte und stellst fest, dass es in Bangkok auch ganz ruhige Ecken gibt. Ebenfalls einen Besuch wert ist das bunte, duftende **Chinatown**; ein Wassertaxi bringt dich von der Khao San Road über den Fluss Chao Phraya dorthin. Massen von Tuk-Tuks düsen durch die Straßen von Chinatown, in denen sich ein Marktstand an den anderen reiht.
Von Bangkok geht es bequem weiter in den Norden oder Süden Thailands. Im Norden gibt es viel Dschungel, im Süden schöne Strände und das blau glitzernde Meer. Oder steht dir der Sinn erst noch nach ein paar Daytrips? Wie wär's mit einer Tempeltour nach **Ayutthaya** oder einer Fahrt nach **Kanchanaburi** zur berühmten **Brücke am Kwai**? Sieh dir dort auch den Erawan-Wasserfall im gleichnamigen Nationalpark an, wenn dein Zeitplan es erlaubt.

KO PHA-NGAN, KO TAO und KO SAMUI

Die drei Inseln im Südosten Thailands lässt kaum ein Backpacker aus. Hier finden die besten Partys statt, es sind Taucherparadiese, und an den Stränden kann man herrlich relaxen. Am bekanntesten ist wohl **Ko Pha-ngan**, wo am Strand von Haad Rin jeden Monat die berühmten Full Moon Partys steigen: Feuertänzer, dröhnende Musik, Mondschein, eimerweise Alkohol und Backpacker in Neon-Outfits. Du kommst nicht bei Vollmond nach Ko Pha-ngan? Es gibt auf der Insel noch genug andere Feste, z. B. die Half

DU ÜBERNACHTEST IN SCHWIMMENDEN BAMBUSHÜTTEN UND KANNST VOR DEM SCHLAFENGEHEN DEN SPEKTAKULÄREN STERNENHIMMEL BETRACHTEN.

Moon und die Jungle Party. Und es gibt jede Menge schöner Eckchen, darunter die Strände Chaloklum, Haad Salad und Haad Yao im Norden, die du per Mietroller erreichst. Übernachtet wird auf der Insel in Strandhütten.

Auch die Mini-Insel **Ko Tao** nördlich von Ko Pha-ngan und Ko Samui hat Backpacker-Flair. Die Strände sind schneeweiß, das Meer ist leuchtend blau, und du hast gute Chancen, beim Tauchen Schildkröten zu begegnen. Zu den schönsten Stränden gehören Chalok Baan Kao, Haad Tien und der Sairee Beach. Die schönste Aussicht hast du auf der nahe gelegenen Insel Ko Nang Yuan.

Ko Samui ist längst nicht mehr die verschlafene Insel von einst, aber auch alles andere als ein Partyparadies wie Ko Phangan. Es gibt hier mehr Hotels als auf den beiden anderen Inseln, und man kann wunderbar relaxen, am Strand faulenzen oder Yogakurse machen. Ein Erlebnis ist auch ein Tag im Naturpark **Mu Ko Ang Thong**, einem Archipel aus gut 40 Inseln mit einsamen Stränden, raschelnden Palmen und reichlich Tauchmöglichkeiten.

KHAO-SOK-NATIONALPARK

Im Nationalpark Khao Sok am Chiao-Lan-See in der Provinz Surat Thani taucht man in einen uralten Regenwald ein.
Hier kannst du wunderbare Bootstouren machen, über Kalksteinfelsen zu phänomenalen Aussichtspunkten wandern, in dunkle Höhlen klettern und bei einer Nachtsafari wilde Tiere sehen. Du übernachtest in schwimmenden Bambushütten, kannst vor dem Schlafengehen den spektakulären Sternenhimmel betrachten oder mit anderen Backpackern ein Chang-Bier trinken.

KRABI

Die Provinz Krabi an der Südwestküste der Andamanensee ist weltberühmt für ihre schönen Strände. Aus dem tiefblauen Meer ragen bizarre Kalksteinfelsen, traditionelle thailändische Boote schaukeln auf den Wellen, und im flachen Wasser kannst du ganz ohne Taucherbrille Fische beobachten.

Die meisten Backpacker übernachten im Dorf Ao Nang, einem guten Ausgangspunkt fürs Inselhopping: Mit einem bunten Langboot geht es zu den spektakulären Stränden der Halbinsel Rai Leh, vor denen riesige Felsformationen aus dem türkisblauen Meer ragen. Auf einer Wanderung landeinwärts zum Tiger Cave Temple – 1237 Stufen! – begleiten dich keine Tiger, sondern Affen, und oben wirst du mit einer atemberaubenden Aussicht belohnt. Ein weiterer schöner Wanderweg in Krabi ist der Hang Nak Nature Trail. Von Ao Nang gut zu erreichen ist Ko Phi Phi. Einst ver-

DER BERÜHMTE HELLGRAUE BUDDHAKOPF IST IN DAS WURZELGEFLECHT EINES RIESIGEN BODHIBAUMS EINGEWACHSEN.

stecktes Strandparadies, zieht die berühmte Inselgruppe heute immer mehr Partypacker an. Wer eine Partyinsel sucht, der ist hier an der richtigen Adresse. Wenn dir ein ruhiger Strand lieber ist, fahr auf relaxte Inseln wie Ko Lanta oder Ko Yao Noi.

AYUTTHAYA

Ein paar Fahrstunden von Bangkok entfernt liegt Ayutthaya, die frühere Hauptstadt Thailands, ein Must-See für alle, die auf schöne Tempel stehen. Ayutthayas erhabene Vergangenheit spürst du allein schon während der Fahrt durch die Straßen: Miete dir ein Fahrrad und unternimm deine eigene Tempeltour durch die Ruinenstadt. Der berühmte hellgraue Buddhakopf am **Wat Phra Mahathat** ist in das Wurzelgeflecht eines riesigen Bodhibaums eingewachsen. Hauptattraktion des Wat Lokayasutharam ist ein monumentaler liegender Buddha. Prächtige Tempelanlagen sind auch Wat Chai Watthanaram am Ufer des Menam und Wat Phu Khao Thong mit dem riesigen Chedi.

SUKHOTHAI

Der Geschichtspark Sukhothai, eine uralte Ruinenstadt im Norden Thailands, ist UNESCO-Weltkulturerbe. Zu den eindrucksvollsten Tempeln dort gehört der Wat Si Chum mit dem 15 m hohen sitzenden Buddha, dessen riesige Hand mit Blattgold überzogen ist. Unbedingt besuchen solltest du auch den Wat Mahathat. An diesem verzauberten Ort siehst du die Buddhastatuen doppelt: Sie spiegeln sich in einem See.

CHIANG MAI

Viele Backpacker und Digitalnomaden zieht es nach Chiang Mai in den Norden. Hier kannst du Sehenswürdigkeiten bewundern und zugleich Energie tanken. Chiang Mai ist die zweitgrößte Stadt Thailands, im Gegensatz zu Bangkok aber an vielen Stellen angenehm beschaulich.
Ein touristisches Highlight, das du dir nicht entgehen lassen solltest, ist der **Wat Phra That Doi Suthep**. Eine lange Treppe mit einem Geländer in Gestalt goldener Drachen führt dort hinauf, und von oben überblickst du die ganze Stadt. Zum Pflichtprogramm gehören auch ein Gang über den Nachtmarkt **Sunday Walking Street**, auf dem es schönes traditionelles Handwerk zu kaufen gibt, und das angesagte Viertel **Nimmanhaemin** mit seinen vielen coolen Kneipen. Chiang Mai ist auch Hochburg des hiesigen Nationalsports **Thai-Boxen**. Hier kannst du dir einen Wettkampf ansehen oder selbst einen Kurs belegen. Bekannt ist Chiang Mai außerdem für seine grüne Umgebung: Besuche die Reisterrassen von **Mae**

Chaem oder buche eine Dschungelwanderung mit einem Guide, am besten in der Trockenzeit zwischen Oktober und Februar, denn bei Starkregen werden die Wege zu Matschpisten. Ein absolutes Highlight ist auch der **Bua-Thong-Wasserfall**, den man hinauf- oder hinunterklettern kann.

PAI

Immer mehr Backpacker erobern die Stadt Pai. Um von hier die schönsten Fleckchen zu erreichen, verbringst du am besten den ganzen Tag auf einem Motorroller. Du fährst an Bergen und grünen Reisterrassen vorüber und besuchst Wasserfälle wie den **Mor Paeng** und den **Pam Bok**, wo du herrlich im kühlen Nass planschen kannst. Sieh dir auch die **Boon-Ko-Ku-So-Bambusbrücke** an, die sich wie eine Schlange über die Reisfelder windet. Inmitten der Felder stehen Bambushütten, und mit etwas Glück siehst du Mönche in orangefarbenen Gewändern über die Brücke gehen, die ursprünglich nur für sie gebaut wurde. Fahr zum Abschluss noch ein Stück weiter und bewundere am **Yun Lai Viewpoint** den Sonnenuntergang. Am Ende deiner Reise wird dir die ganze Vielfalt Thailands bewusst. Hier kannst du durch ruhige Naturparks wandern, du kannst dich aber auch auf Partys austoben. Thailand ist ein fantastisches Backpacking-Land, nicht nur weil es so facettenreich, sondern auch weil es bezahlbar ist und du viele andere Backpacker triffst.

THAILAND IST EIN FANTASTISCHES BACKPACKING-LAND, NICHT NUR WEIL ES SO FACETTENREICH, SONDERN AUCH WEIL ES BEZAHLBAR IST UND DU VIELE ANDERE BACKPACKER TRIFFST.

MAROKKO

Reisedauer	2–3 Wochen
Transport	Bus, Zug, Mietwagen
Budget	€€
Flug nach	Marrakesch
Beste Reisezeit	April bis September
Unterkunft	Riad
Essen und Trinken	Tajine, Pfefferminztee

Magisches MAROKKO

Du kommst günstig hin – nur eine Tajine kostet noch weniger – und hast eine unglaublich abwechslungsreiche Backpacking-Reise vor dir: Marokko. Auf einem Kamel schaukelst du durch die Wüste, die bunte Angebotsfülle in den Souks überwältigt dich, die Locals bieten dir nur zu gern Kostproben ihrer Kultur an, und an coolen Surfspots am Meer triffst du jede Menge andere Backpacker. Dieses Land spricht alle Sinne an. Man würde es gar nicht erwarten, aber Marokko ist tatsächlich eins der besten Backpacking-Ziele in Afrika. Nur ein paar Flugstunden entfernt tauchst du in eine völlig andere Kultur ein, und das Reisen durchs Land ist einfach: Per Zug oder Bus fährst du von einer Königsstadt zur anderen. Vor allem mit dem Mietwagen erlebst du ein Gefühl grenzenloser Freiheit.

11

MAGISCHES MAROKKO

SO RUHIG ES IM JARDIN MAJORELLE IST, SO GESCHÄFTIG GEHT ES IN DER NAHE GELEGENEN MEDINA MIT DEN SOUKS ZU.

MARRAKESCH

Startpunkt vieler Backpacking-Abenteuer ist Marokkos vielleicht bekannteste Stadt: Marrakesch. Gut möglich, dass deine erste Begegnung mit ihr auf dem quirligen **Djemaa el Fna** stattfindet. Abends verwandelt sich der Platz in ein einziges großes Restaurant, Dutzende fliegende Händler bieten ihre Waren feil, und Schlangenbeschwörer werben um Zuschauer. Wird dir der Trubel zu viel – und das passiert bei all den aufdringlichen Händlern garantiert –, flüchte dich in ein ruhiges Dachlokal. Nach einem Abend ohne Alkohol, aber mit reichlich Couscous, Kichererbsen, getrockneten Pflaumen und Sesam wankst du pappsatt in deine Unterkunft. In Marrakesch schläft man nicht in Hostels, sondern in **traditionellen Riads**. Von außen sieht man es den oft versteckten, kleinen Stadtpalästen nicht an, dass sich hinter den massiven Holztüren wunderschöne Hotels mit terrakottafarbenen Wänden, Mosaikböden in ausgefallenen Farben und filigranen silbernen Lampen verbergen – meist sogar mit einem türkisfarbenen Pool im Innenhof. Nach dem staubigen Chaos der Stadt findest du hier einen idealen Rückzugsort. Hast du dich in deinen verträumten Riad verliebt? Dann wird dich auch der **Jardin Majorelle** mit seinen vielen Palmen und Kakteen begeistern. Yves Saint Laurents botanischer Garten wurde von dem französischen Maler Jacques Majorelle angelegt. Majorelles Farbgeschmack springt sofort ins Auge: Villa und Brunnen sind kobaltblau mit leuchtend gelben Details. So ruhig es hier ist, so geschäftig geht es im Gassengewirr der nahe gelegenen **Medina** zu. In diesem ältesten Stadtteil von Marrakesch liegen die **Souks**: überdachte Märkte. Die Läden quellen über von Kelims, bunter Keramik, handgefertigten Lederwaren und funkelnden arabischen Glasmosaiklampen. An den Marktständen sind glänzende Oliven zu Bergen und Kurkuma, ockerfarbenes Curry, feuerroter Pfeffer und viele andere Gewürze zu spitzen Hügeln aufgehäuft. Du möchtest etwas kaufen? Feilschen ist in Marokko eher die Regel als die Ausnahme. Besinn dich auf dein Verhandlungsgeschick, bevor du es mit einem der gewieften Händler aufnimmst. Die würzigen Düfte des Marktes weichen penetrantem Gestank, sobald du am Stadttor Bab ed-Debbagh eine **Gerberei** besuchst. Ein Minzezweig, den man dir am Eingang in die Hand drückt, hilft gegen den Geruch, und es ist spannend zuzusehen, wie Leder bearbeitet wird.

HOHER ATLAS und SAHARA

Unternimm von Marrakesch aus einen mehrtägigen Ausflug über den **Hohen Atlas** in die **Sahara**. Sieh dir unterwegs Aït-

ÜBERNACHTET WIRD IN ECHTEN BERBERLAGERN, WO MAN VOR DEM SCHLAFENGEHEN NOCH LANG TRADITIONELLE MUSIK ZU HÖREN BEKOMMT.

Ben-Haddou an, eine mittelalterliche Berberstadt, und Ouarzazate, das marokkanische Hollywood. Lass dich überwältigen von der spektakulären **Todra-Schlucht** am Ende des Dadestals und reite auf einem Kamel vom Dorf Merzouga zu den Sanddünen der Erg Chebbi: Sand, nichts als Sand, tagsüber gleißend hell, bei Sonnenuntergang goldgelb bis kurkuma-orange. Übernachtet wird in echten Berberlagern, wo man vor dem Schlafengehen noch lange traditionelle Musik zu hören bekommt. Von der Erg Chebbi zurück nach Marrakesch sind es rund 600 km, plane also auf jeden Fall mehrere Tage für den Trip ein.

ESSAOUIRA

Die beschauliche Küstenstadt Essaouira ist wie geschaffen für eine Ruhepause auf deiner Backpacking-Tour durch Marokko. Fernab der Hektik in Marrakesch genießt du hier die frische Meeresluft und eine bezaubernde Altstadt. Windsurfen, an einer Beachbar relaxen, über den Markt schlendern oder eine beruhigende Hamam-Behandlung genießen – so verbringst du hier deine Tage. Abends kehren die Fischerboote in den Hafen zurück, wo der frische Fang dann verkauft wird. Fisch ist *die* Spezialität in Essaouira. Hervorragende und bezahlbare kleine Restaurants findest du in den blau-weißen Holzhäusern direkt am Hafen. Dass Essaouira UNESCO-Weltkulturerbe ist, merkst du möglicherweise erst, wenn du den Fuß auf die kanonenbestückte Festungsmauer setzt – lass dir dieses Highlight also nicht entgehen.

TAGHAZOUT

Marokko hat sensationelle Surfstrände. Einer der besten Surfspots ist Taghazout mit seinem typischen Backpacker-Vibe. Hier bist du von Surfdudes, Yogis und Locals umgeben und übernachtest in ruhigen Ferienhäusern. Surfbretter schmücken die Wände, auf der Veranda gibt es eine Hängematte, und im Garten stehen prächtige Kakteen und Palmen. Vom Pool blickst du auf den Atlantik, und die salzige Meeresbrise beschert dir angenehme Kühlung. Nachts hast du einen einzigartigen Sternenhimmel über dir.
Möchtest du etwas Lustiges sehen? Dann fahr von Taghazout nach Süden ins Souss-Tal kurz vor Agadir. Hier stehen Dutzende Ziegen in den Bäumen! Ja, in den Bäumen, nicht darunter. Die Zweige mögen noch so dornig sein – die Tiere klettern leichtfüßig hinauf und lassen sich die Früchte schmecken, aus deren Kernen das berühmte Arganöl gewonnen wird.

FES

Mit dem Zug bist du schnell in Fes im Norden Marokkos. Die Marokkaner in deinem Abteil plaudern gern mit dir, mal auf Eng-

4756

IN FES KOMMST DU AUS DEM FOTOGRAFIEREN GAR NICHT MEHR HERAUS, SO VIELE PRÄCHTIGE BAUTEN UND KUNSTVOLL VERZIERTE TÜREN GIBT ES HIER.

lisch, öfter auf Französisch. In Fes sieh dir als Erstes die **Medina** an, den ältesten, ummauerten Teil der Stadt, auch Fes el Bali genannt. Hier kannst du tagelang durch das geheimnisvolle Labyrinth der Gassen streifen, dich in einem Hamam selbst vergessen oder bei süßem Minztee in einem Straßencafé chillen. Einen Besuch wert ist auch die **Gerberei**: Nicht nur der scharfe Geruch überwältigt dich dort, sondern auch der Anblick der weißen und roten Wasserbecken.

Die Medina ist autofrei – kein Wunder, denn die unzähligen Gässchen sind so schmal, dass nur Eselskarren hindurchpassen. Eins der schönsten Stadttore ist das blaue Bab Bou Jeloud. Ein ungewöhnliches Bauwerk ist auch die Madrasa Bū ʿInānīya, eine islamische Hochschule, um die eine ruhige, heitere Atmosphäre herrscht. Hier hast du im Nu vergessen, dass du eben noch durch die quirligen Souks oder über die belebte Place Seffarine gegangen bist. In Fes kommst du aus dem Fotografieren gar nicht mehr heraus, so viele Prachtbauten und kunstvoll verzierte Türen gibt es hier. Übernachten kannst du wie in Marrakesch in einem Riad: Die meisten haben traumhafte Dachterrassen, und zum Frühstück bekommst du selbst gebackenes Brot mit warmer Aprikosenmarmelade. Um eine weitere der vier Königsstädte – Marrakesch, Fes, Meknès und Rabat – zu sehen, kannst du von Fes nach **Meknès** weiterreisen: Auch dort gibt es eine stimmungsvolle Medina, geschäftige Souks, gemütliche Cafés, königliche Bauten und prachtvolle Stadttore.

CHEFCHAOUEN

Eine ganz neue Erfahrung erwartet dich im wunderschönen Chefchaouen, Marokkos blauer Stadt. Von Himmelblau bis Indigo, von Aquamarin bis Dunkeltürkis – hier sind sämtliche Blautöne vertreten. Katzen flitzen durch die Gassen, quietschbunte Blumentöpfe heben sich von den blauen Mauern ab, und die Bewohner tragen prächtige traditionelle Kaftans.

RABAT

Die letzte Stadt auf deiner Reise ist die Hauptstadt Rabat. Ob du sie noch besuchst, hängt davon ab, wie lange du in Marokko bleibst, aber die meisten Sehenswürdigkeiten schafft man an einem Tag: die ruhige Medina, die Kasbah des Oudaïas, die Totenstadt Chellah und das imposante **Mausoleum Mohammeds V.** Mit dem Hier geht dein Backpacking-Abenteuer zu Ende. Du hast dir einen Eindruck von Marokkos schönsten Städten verschafft, das Meer gesehen und dich nicht nur ins raue Atlasgebirge gewagt, sondern auch in die Wüste.

BRASILIEN

Reisedauer	4 Wochen
Transport	Bus, Flugzeug
Budget	€€€€
Flug nach	Rio de Janeiro
Beste Reisezeit	Juni bis Oktober
Unterkunft	Hostel
Essen und Trinken	Guarana, Tapioka, Pão de queijo, Caipirinha

Bezauberndes BRASILIEN

Brasilien, das facettenreiche größte Land Südamerikas, ist vollgepackt mit Highlights und darf in einem Buch über ultimative Backpacking-Ziele natürlich nicht fehlen. Das übersprudelnde Rio de Janeiro, einzigartige Dünenlandschaften wie die Lençóis Maranhenses, das farbenprächtige Salvador da Bahia, wunderschöne Inseln wie die Ilha Grande, das grüne Amazonien und vieles, vieles mehr gibt es hier zu sehen. In vier Wochen schaffst du längst nicht alles – aber per Bus oder Inlandsflug ist doch einiges möglich. Brasilien ist zwar ein etwas teureres Backpacking-Land, aber das Abenteuer ist die Reals auf jeden Fall wert. Außerdem triffst du hier noch nicht so viele deutsche Backpacker, sodass du in den coolen Hostels, die es überall gibt, Freunde aus aller Welt kennenlernst. Ein paar Wörter Portugiesisch sind nützlich, aber mit Händen und Füßen oder einer Übersetzungs-App kommst du ebenfalls weiter.

ESCADARIA
RIO DE

WER NICHT UNTER CRISTO REDENTORS AUSGEBREITETEN ARMEN GESTANDEN HAT, WAR NICHT IN RIO DE JANEIRO.

RIO DE JANEIRO

Rio de Janeiro, die faszinierende Stadt mit den weltberühmten Stränden **Copacabana** und **Ipanema** und dem einzigartigen Karneval, ist die ideale Ausgangsbasis für deine Backpacking-Reise. Rio ist zwar nicht Brasiliens Hauptstadt – das ist Brasilia –, übt aber die gleiche Anziehungskraft aus wie viele Hauptstädte: Sehenswürdigkeiten gibt es hier ohne Ende. Steig z. B. die bunt geflieste **Selarón-Treppe** hinauf, fahr mit der Straßenbahn **Santa Teresa** und sieh dir den **Aquädukt** in **Lapa** an. In diesem Ausgehviertel schallt abends Livemusik durch die Straßen, und in vielen Clubs siehst du die Menschen ganz versunken tanzen. Doch nicht nur dort wird gefeiert: Auch auf der Straße begegnen dir tanzende und Caipirinha trinkende Locals. Um das pulsierende Nachtleben zu genießen, buche am besten ein Hostel direkt in Lapa oder in der Nähe der Copacabana. Viele Hostels bieten coole Touren an, du kannst z. B. mit anderen Backpackern ein Fußballspiel im **Maracaña-Stadion** besuchen und mit den Brasilianern mitjubeln, wenn ein Tor fällt. Rios Schattenseite, die **Favelas,** vermittelt dir einen Eindruck vom harten Leben vieler Brasilianer. Nimm dir einen Guide oder buche eine geführte Tour, sonst kann es für dich in den Armenvierteln gefährlich werden. Im Stadtteil Botafugo kommst du natürlich nicht um den Corcovado, den **Zuckerhut**, herum: Wer nicht unter Cristo Redentors ausgebreiteten Armen gestanden hat, war nicht in Rio de Janeiro.

Lust auf mehr Strand? Dann fahr vom hektischen Rio für ein paar Tage auf die idyllische **Ilha Grande** und wandere quer durch den tropischen Regenwald von einem Traumstrand zum anderen. Einer der schönsten – die Praia Lopes Mendes – ist nur zu Fuß oder per Boot erreichbar. Hier herrscht eine relaxte Atmosphäre, es gibt lässige Hostels, und abends kannst du am Meer essen.

PANTANAL

In der Stadt Campo Grande kannst du verschiedene Touren ins Sumpfgebiet Pantanal buchen, einen der abenteuerlichsten Orte in Brasilien. Hier geht es *back to basics*: Du schläfst in Hängematten, beim Frühstück begrüßen dich kreischende Papageien, oder es starren dich Tukane an. Du tauchst in eine raue Wildnis ein. Guides zeigen dir die spektakuläre Flora und Fauna. Am Wasser liegen Kaimane träge in der Sonne, und mit ein bisschen Glück siehst du sogar eine Anakonda, einen Jaguar oder eine Affenhorde. Du wanderst durch unberührte Natur, und urplötzlich entdeckst du in einem Baum eine riesige Tarantel oder im Dickicht ein Capybara. Du fängst und brätst dir Piran-

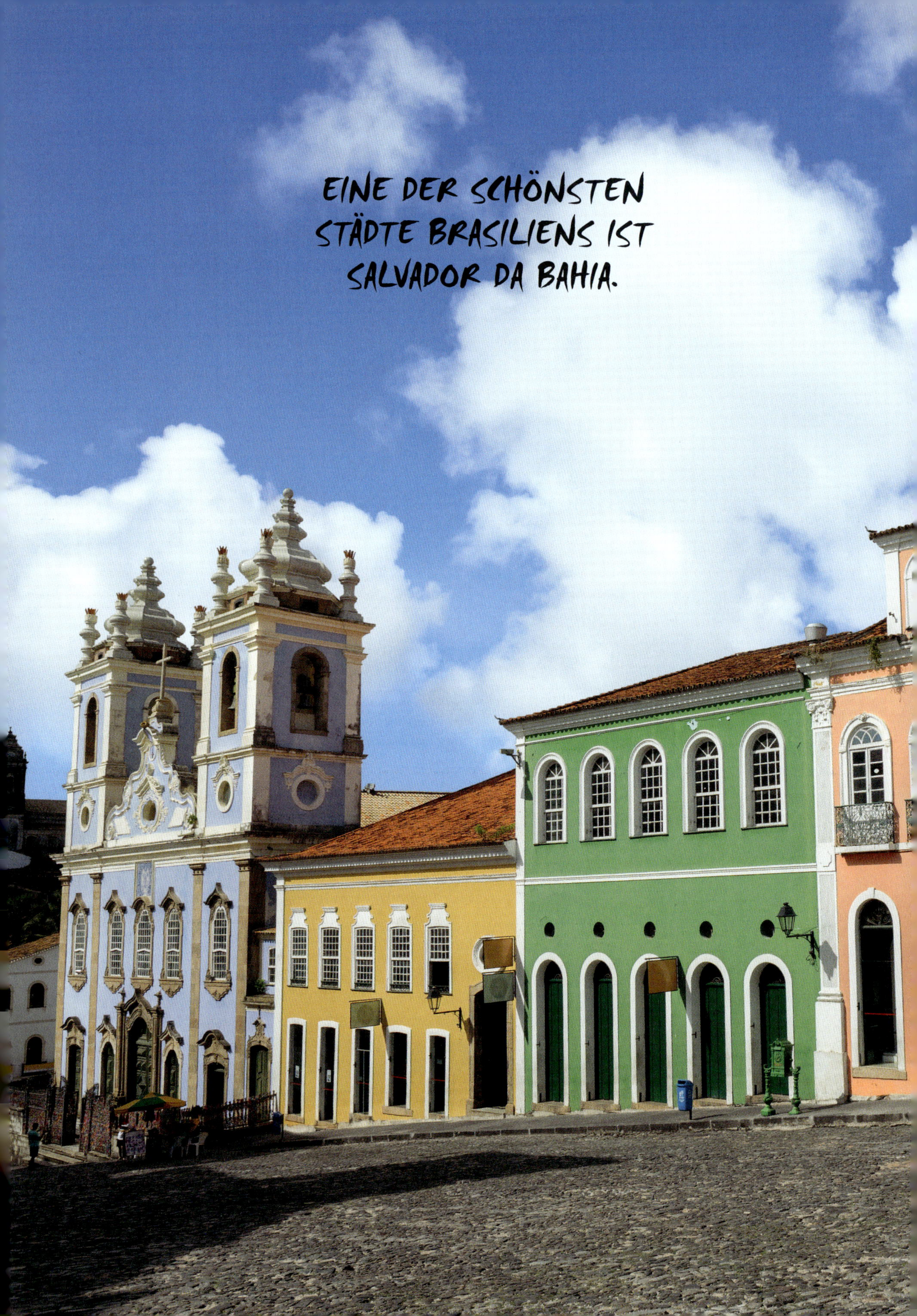
EINE DER SCHÖNSTEN
STÄDTE BRASILIENS IST
SALVADOR DA BAHIA.

has, bekommst in deiner Lodge aber auch jederzeit eine große Portion Reis mit Bohnen und würzigem Öl. Das Amazonasgebiet ist das grüne Herz Südamerikas – und das Pantanal der ultimative Wildlife-Hotspot.

IGUAÇU

Die gigantischen Wasserfälle von Iguaçu an der Grenze zwischen Brasilien und Argentinien sind fast drei Kilometer breit! Von diversen Plattformen hat man eine grandiose Sicht über die herabdonnernden Wassermassen. An manchen Stellen stürzen sie über 80 m in die Tiefe, besonders eindrucksvoll am sogenannten Teufelsschlund. Es gibt hier mehrere Wanderwege, auf denen du vor allem unterhalb der Fälle kaum trocken bleibst. Echte Draufgänger wagen sich in einem Boot ganz nah an die Kaskaden heran. Bei Foz do Iguaçu kannst du locker einen ganzen Tag verbringen, und wenn du schon mal hier bist, mach auch einen Abstecher ins Dreiländereck Brasilien-Paraguay-Argentinien.

SALVADOR DA BAHIA

Eine der schönsten Städte Brasiliens ist Salvador da Bahia. Besonders hübsch ist das Altstadtviertel Pelourinho mit Häusern in sämtlichen Farben des Regenbogens und einer prachtvollen Kathedrale. Schlendere zwischen den Kolonialbauten und Kunstgalerien umher, fotografiere Frauen in weit ausladenden traditionellen Röcken und kauf in einem kleinen Laden

Bonfim-Glücksbänder, die es in allen Farben gibt. Sie werden hier nicht nur am Hand- oder Fußgelenk getragen, sondern oft auch an Kirchengitter gebunden. Wundere dich also nicht, wenn z. B. vor der Basílica Nosso Senhor do Bonfim ein buntes Meer von Bändern flattert. Salvador da Bahia ist auch die Hochburg des Capoeira: Immer wieder triffst du an den Stränden oder auch im Pelourinho auf Capoeiratänzer; manche Hostels bieten sogar Kurse an. Auch mit dem Essen hast du es in Salvador gut getroffen; probiere z. B. ein Streetfood-Gericht namens Acarajé – frittierte, mit Garnelen gefüllte Teigbällchen. Wenn du hier alles gesehen hast, fahr für ein paar Tage in den Küstenort Praia do Forte. Dort gibt es jede Menge nette Hostels und Straßencafés, und du kannst ein Schildkrötenreservat besuchen, schnorcheln und unter Palmen herrlich relaxen.

FORTALEZA

Fortaleza ist eine lässige und zugleich abenteuerliche Stadt. An den vielen Strandbuden kannst du einen Caipirinha oder ein Bier trinken und auf dem Abendmarkt an der Avenida Beira Mar die nötigen Souvenirs shoppen – denn ohne Havaianas fliegst du natürlich nicht nach Hause! Mehr Abenteuer gefällig? Eine knappe Stunde vom Zentrum entfernt kannst du im Buggy über die riesigen Sanddünen von Cumbuco kurven oder sandboarden. Wenn du dann über und über voll Sand bist, spülst du ihn einfach im Meer wieder ab. Bei gutem Wind

BLENDEND WEISSE SANDDÜNEN UND KRISTALLBLAUE SÜSSWASSERLAGUNEN, SO WEIT DAS AUGE REICHT!

sieht man hier viele Kitesurfer. Gute vier Fahrstunden sind es von Fortaleza zum Hippiedorf Jericoacoara. Hier kann man hervorragend surfen, in Hängematten chillen, die halb im Wasser der Lagoa do Paraíso hängen, und zum Felsbogen Pedra Furada wandern.

SÃO LUÍS und die LENÇÓIS MARANHENSES

São Luís ist eine charmante, kreative Stadt mit vielen Galerien und bunt gestrichenen Häusern vor allem im Zentrum. Aber nicht nur deshalb zieht es viele in diesen Teil Brasiliens: Von hier ist es nicht weit zu den Lençóis Maranhenses, dem »Bettlaken von Maranhão«: Dieser Nationalpark ist mit keiner anderen Dünenlandschaft zu vergleichen – blendend weiße Sanddünen und kristallblaue Süßwasserlagunen, so weit das Auge reicht! Wenn es genug geregnet hat, kannst du hier ein erfrischendes Bad nehmen. Schon seltsam: eine Wüste, in der es nicht nur Sand gibt, sondern auch Dutzende solcher Pools … Das Tor zu dieser einzigartigen Naturlandschaft ist die Stadt Barreirinhas. Dort kannst du eine Jeeptour durch den Nationalpark buchen; von São Luís sind auch Tagestouren möglich.

AMAZONIEN

In den größten Regenwald der Welt führt dich von Belém, einer Großstadt im Norden Brasiliens, eine mehrtägige Bootstour mitten hinein ins Amazonastiefland. Es gibt aber auch Direktflüge von Belém oder anderen großen Städten nach **Manaus**. Die Stadt liegt im Herzen des Regenwalds an der Mündung des Rio Negro in den 6500 km langen Amazonas. Vor dort geht es mit dem Boot weiter in den Dschungel, wo du in schwimmenden Hostels übernachtest und von ortskundigen Guides mit der wilden Natur bekannt gemacht wirst. In den Baumkronen dösen Leoparden, im Wasser schwimmen rosa Delfine, und die Sonnenuntergänge hier wirst du nie mehr vergessen. Das Amazonasbecken mit seinen tausend Grüntönen, den seltsamen Geräuschen und fremdartigen Gerüchen hat etwas Geheimnisvolles. Hier beherrscht die Natur alles – und nur die indigenen Bewohner sind auf Dauer überlebensfähig. Du solltest unbedingt Piranhas fischen, solange du hier bist, und dir den Encontro das Águas ansehen, den Zusammenfluss von Rio Negro und Amazonas. Das schwarze Wasser des einen und das braune des anderen vermischen sich nicht, sondern bleiben deutlich voneinander abgegrenzt – ein faszinierendes Naturschauspiel. Mit Amazonien hast du die größten Highlights in Brasilien gesehen – der perfekte Abschluss deines Backpacking-Abenteuers im größten Backpacker-Land Südamerikas.

VIETNAM

Reisedauer	2–3 Wochen
Transport	Bus, Motorrad
Budget	€
Flug nach	Hanoi, Ho-Chi-Minh-Stadt
Beste Reisezeit	November bis März
Unterkunft	Hotel, Hostel, Homestay
Essen	Bánh mì, Drachenfrucht

Wunderbares VIETNAM

MYANMAR
CHINA
Sapa
Hanoi
Halong-Bucht
Ninh Bình
LAOS
SÜDCHINESISCHES MEER
Hué
THAILAND
Hội An
KAMBODSCHA
Nha Trang
Ho-Chi-Minh-Stadt
Mũi Né

Für Backpacker ist Vietnam ideal. Es gibt Züge und Busse mit Liegesitzen, und wer das Abenteuer sucht, kauft oder mietet ein Motorrad, um das Land zu erkunden. Du zurrst deinen Rucksack einfach hinten fest und fährst vom Norden in den Süden oder umgekehrt. Ein Gefühl grenzenloser Freiheit erfasst dich, wenn du so durch die Landschaft braust und an Orte kommst, die nicht jeder Traveller erreicht. Aber nicht lange, und du triffst andere Backpacker, mit denen du weiterreisen kannst. Du besuchst atemberaubende Naturlandschaften, spektakuläre Tempel und herrlich chaotische Städte – ein Fest nicht nur fürs Auge. Auch die Geschmacksnerven jubeln! Frühlingsrollen, Bánh mì und köstliche Nudelgerichte – Genüsse, die du dir jeden Tag von Neuem gönnen willst.

13

DIE KNAPP 2000 KALKSTEININSELN DER HALONG-BUCHT STEHEN AUF DER BUCKETLIST VIELER BACKPACKER.

HANOI

Viele Backpacker beginnen ihre Reise im chaotischen Hanoi oder im pulsierenden Ho-Chi-Minh-Stadt. Von Hanoi im Norden Vietnams kann man bequem in den Süden fahren und dabei viel vom Land sehen. Besorg dir ein Open-Tour-Busticket, mit dem du dich allerdings auf eine bestimmte Route festlegst; oder fahr mit dem Motorrad auf eigene Faust los. Im wimmelnden Gassengewirr der **Altstadt**, Hanois schönstem Viertel, findest du zahlreiche Hotels. Garküchen, umherschlendernde Locals, überquellende Läden, wenig zurückhaltende Händler und rasende Rollerfahrer – du schaust dir die Augen aus dem Kopf! Nimm dir ein, zwei Tage Zeit, um den Kulturschock zu überwinden. Im **Ho-Chi-Minh-Mausoleum** liegt der vietnamesische Revolutionär und kommunistische Politiker Hồ Chí Minh aufgebahrt – ein spannender, historisch wichtiger Ort, der deine Sicht auf das Land erweitert. Denn Vietnam, das sind nicht nur schöne Naturlandschaften und prächtige Tempel. Der Einfluss Französisch-Indochinas ist in Hanoi noch immer deutlich spürbar: Es gibt hier zahlreiche Bäckereien und zig Häuser im französischen Kolonialstil.

SAPA

Im Distrikt Sapa hoch im Norden Vietnams staunst du über die Reisterrassen und lernst Angehörige ethnischer Minderheiten kennen. So grün, wie die Reisfelder sind, so farbenfroh kleiden sich die Einheimischen – es ist ein prachtvoller Anblick. Mach in Sapa eine mehrtägige Wanderung und lass dich von einem Guide von Bergdorf zu Bergdorf führen. In der Regenzeit können die Wege rutschig sein, pack deshalb Schuhe mit gutem Profil ein. Essen und einen Schlafplatz bekommst du in Homestays, also bei Dorfbewohnern, bei denen du für kurze Zeit zum Familienmitglied wirst. Wenn du die Gegend aus der Vogelperspektive sehen möchtest, steig auf den **Fansipan**, den höchsten Berg Vietnams.

HALONG-BUCHT

Die knapp 2000 Kalksteininseln in der Halong-Bucht, eine der beliebtesten Touristenattraktionen Vietnams, stehen auf der Bucketlist vieler Backpacker.
Du kannst sie bei einem Tagesausflug oder einer mehrtägigen Tour erkunden, sogar per Kajak. Tagsüber ist das Wasser smaragdgrün, morgens und gegen Abend kommt Nebel auf und verleiht der Landschaft etwas Mystisches. In einem Boot mit den typischen Drachensegeln kommst du dir vor, als würdest du in einem Piratenfilm mitspielen.

IN DAS STÄDTCHEN HỘI AN VERLIEBT MAN SICH AUF DEN ERSTEN BLICK: VERSTECKTE TEMPEL, GÄSSCHEN, VON DENEN JEDES EIN FOTO WERT IST, ÜBERALL BUNTE LAMPIONS.

NINH BÌNH

Die wunderschöne Provinz Ninh Bình darf auf deiner Backpacking-Route nicht fehlen. Steige gleich am ersten Tag die steilen Treppen zum Aussichtspunkt am Hang-Mua-Tempel hinauf, denn nirgends wird deutlicher, wie grandios hier die Landschaft ist. Mach anschließend eine Bootstour zu den riesigen Kalksteinfelsen im Nationalpark **Cúc Phương** bei Tam Cốc-Bích Động oder Tràng An, radle dann auf eigene Faust an den grünen Reisfeldern entlang und besuche zu guter Letzt die schönsten religiösen Stätten von Ninh Bình: die Bich-Dong-Pagode und den Hoa-Lu-Tempel.

HUẾ

Dein nächster Stopp ist das malerische Huế am Fluss Sông Hương. Hier sind noch viele Spuren des Vietnamkriegs zu sehen. Statte der Verbotenen Purpurnen Stadt **Tử Cấm Thành** einen Besuch ab, besichtige aber auch die Zitadelle, die turmhohe Thiên-Mụ-Pagode und die Grabmäler der Kaiser Tự Đức und Minh Mạng. Du erreichst die verschiedenen Sehenswürdigkeiten mit einem der prachtvollen Drachenboote über den Sông Hương, den »Parfümfluss«, du kannst aber auch einen Roller mieten und die Gegend auf eigene Faust erkunden. Ganz Verwegene fahren bis zum aufgegebenen Wasserpark Hồ Thủy Tiên, den sich die Natur komplett zurückerobert hat – ein faszinierendes, bizarres Bild. Abends kannst du in Huế mit anderen Backpackern schön ausgehen – man fängt mit einem Drink im Hostel an und landet später in einer der Bars. In Huế begegnest du immer wieder Travellern, die du andernorts in Vietnam schon mal getroffen hast, denn viele sind auf ein und derselben Route unterwegs.

HỘI AN

Von Huế nach Hội An solltest du mit dem Motorrad unbedingt über den Hải-Vân-Pass fahren. Von dort oben hast du einen atemberaubenden Panoramablick über Berge und Meer. In das Städtchen Hội An verliebt man sich auf den ersten Blick: versteckte Tempel, Gässchen, von denen jedes ein Foto wert ist, überall bunte Lampions und superleckeres vietnamesisches Essen. Hier hat man das Gefühl, ein authentisches Asien zu erleben, und es herrscht eine so entspannte Atmosphäre, dass man am liebsten tagelang bleiben möchte. Miete dir auf jeden Fall ein Fahrrad, denn das Meer ist näher, als du denkst, und lädt zu einem erfrischenden Bad ein.

NHA TRANG

Wer für ein paar Tage nur faulenzen möchte und nichts anderes will als Sonne, Strand und Meer, für den ist Nha Trang

IM ZENTRUM WIMMELT ES VON STRASSENHÄNDLERN, DIE LÄDEN QUELLEN VON WAREN ÜBER, UND MITTENDRIN HÄLT JEMAND AUF SEINEM MOTORROLLER EIN NICKERCHEN.

genau das Richtige. Die Stadt mit ihren großen, bezahlbaren Hotels und Resorts ist ganz auf Touristen eingestellt. Nicht nur Sonnenanbeter kommen hier auf ihre Kosten, sondern auch Surfer und Taucher, denn es werden viele coole Ausflüge und auch Kurse angeboten.

MŨI NÉ

Im Fischerort Mũi Né mietest du einen Roller und fährst zu den roten und gelben Sanddünen, wo du sandboarden, Quad fahren oder einfach nur eine Aussicht genießen kannst, wie du sie in Vietnam noch nicht erlebt hast. Auf der Fahrt dorthin kommst du an malerischen kleinen Häfen mit bunten Schilfbooten vorbei – und auf einmal siehst du nur noch Sand, so weit das Auge reicht. Im **Fairy Stream** fließen roter und gelber Sand zusammen: ein spektakulärer Anblick, den du dir nicht entgehen lassen solltest. Der starke Wind, der hier oft weht, macht Mũi Né zum Kiterparadies. Wer nur relaxen will, checkt in einem Hotel mit Pool ein.

HO-CHI-MINH-STADT

So hektisch wie in Hanoi geht es auch in Ho-Chi-Minh-Stadt zu. Um dich herum hupen permanent Motorroller, dicker Smog hängt in der Luft, und abends werden die Straßen zu einem Meer von Neonlichtern. Im Zentrum wimmelt es von Straßenhändlern, die Läden quellen von Waren über, und mittendrin hält jemand auf seinem Motorroller ein Nickerchen. Empfehlenswerte Sehenswürdigkeiten sind die von den Franzosen erbaute Kathedrale Notre-Dame, die nahe gelegene Hauptpost, Chợ Lớn (**Chinatown**) und ein Stück außerhalb das riesige Tunnelsystem von **Củ Chi**, das während der französischen Kolonialherrschaft von Einheimischen angelegt wurde und auch im Vietnamkrieg eine große Rolle spielte. Hier erfährst du viel über den Krieg und kannst in die Klaustrophobie erzeugenden Gänge kriechen – eine interessante und intensive Erfahrung. Die meisten Backpacker triffst du entlang der Phạm Ngũ Lão: Bestell dir hier zum Abendessen Nudeln und ein Saigon Export und such dir in der Gegend ein Hostel oder Guesthouse. Du bist von Nord- bis runter nach Südvietnam gereist, und deine Backpacking-Tour neigt sich dem Ende zu. Tags darauf musst du natürlich noch ein letztes Mal den viel zu süßen vietnamesischen Kaffee mit dicker Kondensmilch und ein lecker gefülltes Bánh mì genießen. Dann kannst du mit vollem Bauch nach Hause zurückkehren.

ISLAND

Reisedauer	mindestens 2 Wochen
Transport	Mietwagen, Bus
Budget	€€€€€
Flug nach	Reykjavík
Beste Reisezeit	März bis Oktober
Unterkunft	Camping, Hostel
Essen und Trinken	Hákarl, Black-Death-Bier

Abenteuerliches ISLAND

Wilde Wasserfälle, magische Polarlichter, fotogene Gletscherseen, dampfende Thermalquellen und pechschwarze Strände – das und noch viel mehr wird Backpackern in Island geboten. Preiswert ist das Land leider nicht, aber mit Wildcampen und Trampen halten sich die Kosten in Grenzen. Island gehört zu den besten Backpacking-Zielen der Welt. Abenteurer, die gern für ein paar Tage in der Natur verschwinden möchten, werden hier ihre helle Freude haben. Die beste Zeit für eine Islandreise hängt davon ab, was du sehen und unternehmen möchtest. Im Winter liegt das Land unter einer dicken Schneedecke, und du hast bessere Chancen, Polarlichter zu sehen. Im Sommer ist es lang hell, die Temperaturen sind angenehmer, und du wirst wahrscheinlich Wale zu Gesicht bekommen.

14

ABENTEUERLICHES ISLAND

AN DER ISLÄNDISCHEN SÜDKÜSTE ERLEBST DU SPEKTAKULÄRE WASSERSCHAUSPIELE.

REYKJAVÍK

Startpunkt deines Island-Abenteuers ist die Hauptstadt Reykjavík. Bleib einen Tag hier und geh über den Laugavegur – Reykjavíks Shoppingmeile – zur Kirche Hallgrímskirkja. Nachdem du diese beiden Highlights gesehen hast, kannst du eigentlich schon anfangen, Islands Natur zu erkunden. Ideales Transportmittel für Backpacker in Island ist der Mietwagen, denn ohne Auto sind die schönsten Sehenswürdigkeiten schwer zu erreichen. Außerdem ist es ein Traum, selbst durch die unberührte Natur zu fahren und einen fantastischen Ausblick nach dem anderen zu genießen. Die 1300 km lange Ringstraße oder Hringvegur 1 führt um die ganze Insel herum. Im Winter kann die Strecke allerdings zur Herausforderung werden. Ein Mietwagen würde dein Budget sprengen? Dann stell dich mit einem Schild an die Straße. Effektiver ist es aber, auf dem Campingplatz oder im Hostel herumzufragen, ob jemand in dieselbe Richtung will wie du. Eine weitere Option sind Busse, die allerdings im Winter seltener oder gar nicht fahren; denk bei der Reiseplanung daran. Und vergiss auch nicht, noch in einem Supermarkt in Reykjavík einzukaufen, denn in kleineren Ortschaften gibt es mitunter keine Läden, und deine Reisekasse freut sich, wenn du selbst kochst.

GOLDEN CIRCLE

Von Reykjavík ist es nur eine knappe Stunde zu den ersten Highlights am Golden Circle. An dieser beliebten, 300 km langen Kreisroute liegen mehrere Sehenswürdigkeiten, darunter der **Thingvellir**-Nationalpark, in dem Felsspalten und Risse das Auseinanderdriften der nordamerikanischen und der eurasischen Kontinentalplatte um jährlich ein bis zwei Zentimeter sichtbar machen. So ruhig der Thingvellir scheint, so wild und überwältigend stürzt der **Gullfoss**-Wasserfall über zwei Stufen in die Tiefe. Genauso heftig schießt der **Geysir Strokkur** im Geothermalgebiet Haukadalur in die Luft. Bei **Hveragerði** gibt es heiße Quellen und einen warmen Fluss, und du kannst mitten in der Natur im Wasser planschen.

ISLANDS SÜDKÜSTE

An der isländischen Südküste erlebst du noch mehr spektakuläre Wasserschauspiele: Am Wasserfall **Seljalandsfoss** kannst du sogar hinter dem Wasservorhang entlanglaufen, und 500 m weiter führt ein Pfad zum verborgenen **Gljúfrabúi**-Wasserfall. Dort brauchst du gute Regenkleidung, denn trocken bleibt hier nichts. Über dem magischen **Skógafoss** bildet sich beim richtigen Sonneneinfall ein leuchtender Regenbogen. Im schönen **Skaftafell**-Nationalpark donnert

DAS WRACK DER DC-3 WIRKT SO SURREAL, DASS DU DIR EINEN MOMENT LANG WIE AN EINEM FILMSET VORKOMMST.

der **Svartifoss** vor einer Wand aus riesigen dunklen Basaltsäulen herab. An diesem unwirklichen Ort wird dir erst richtig bewusst, dass Island eine Vulkaninsel ist, denn die sechseckigen Säulen sind durch vulkanische Aktivität entstanden. In diesem Nationalpark lässt es sich gut mehrere Tage aushalten. Auf dem Campingplatz triffst du viele andere Backpacker und kannst direkt vom Zelt aus zu einem schönen Hike aufbrechen. Wenn du an der Südküste einige Zeit am leeren schwarzen Strand **Sólheimasandur** entlanggewandert bist, taucht plötzlich ein **Flugzeugwrack** vor dir auf. Der Anblick der **DC-3** wirkt so surreal, dass du dir einen Moment lang wie an einem Filmset vorkommst.
Der Aussichtspunkt beim Felsentor am Kap **Dyrhólaey** zeigt dir, wie unglaublich weitläufig dieser Strand ist. Besonders schön ist es hier im Winter, wenn sich schäumende Wogen am schwarzen Ufersaum entlang des schneebedeckten Strandes brechen.

JÖKULSÁRLÓN

Aus dem Gletschersee **Jökulsárlón** treiben Eisschollen über einen kurzen Fluss ins Meer. Am schönsten anzusehen sind sie bei Sonnenaufgang, da ist der pechschwarze Strand noch unberührt, und die ersten Sonnenstrahlen färben die angespülten Eisskulpturen leuchtend blau. Einen Ort wie diesen findet man nicht oft auf dieser Erde. Zieh dich aber warm an, denn im Winter kann hier ein extrem rauer Wind wehen. Um dein Backpacker-Budget brauchst du dich hingegen nicht zu sorgen: Solche Naturschutzgebiete kosten keinen Eintritt.

AKUREYRI, MÝVATN und GOÐAFOSS

Akureyri, die »Hauptstadt« des nördlichen Island, erreichst du über die Ringstraße 1 oder per Inlandsflug von Reykjavík. Doch nicht die Stadt ist Grund für eine Fahrt in den Norden, sondern wieder die Natur. Und die ist nicht weit: Akureyri liegt am **Eyjafjörður**, dem längsten Fjord Islands, und ist von Mai bis Oktober ein gefragter Ort für Whalewatching.
Die meisten Islandreisenden zieht es zur Blauen Lagune, dabei gibt es auch im Norden Thermalquellen, viel erschwinglichere sogar. Im **Mývatn** schwimmst du im leuchtend blauen Wasser und blickst auf eine spektakuläre Mondlandschaft, die sich bei Sonnenuntergang tiefrot färbt; im Winter ist sie schneeweiß. Bleib bis zum Abend im warmen Wasser – vielleicht siehst du Polarlichter!
Von hier ist es nicht weit bis ins Geothermalgebiet **Hverir** am **Námafjall**. Hier fühlst du dich wie auf einem anderen Planeten: Vor dir erstreckt sich ein blau-orangefarbenes Solfatarenfeld mit

DIE FARBSCHLEIER DES POLARLICHTS, DIE ÜBER DEN DUNKLEN HIMMEL GEISTERN, SIND EIN ÜBERWÄLTIGENDES SCHAUSPIEL.

blubbernden Schlammtöpfen und kleinen Steinhaufen, aus denen stinkender Schwefeldampf aufsteigt.
Den **Goðafoss**, den 30 m breiten »Wasserfall der Götter«, darfst du auf keinen Fall verpassen. Das Wasser stürzt hier zwölf Meter in die Tiefe. Halte auf der Fahrt dorthin hier und da an und genieße einfach nur die weite, leere Landschaft, die genauso eindrucksvoll ist wie der Wasserfall selbst.

POLARLICHT

Die Farbschleier des Polarlichts, die über den dunklen Himmel geistern, sind ein überwältigendes Schauspiel – schöner als jede Sternschnuppe, die du in deinem Leben gesehen hast. Du wärst nicht der Erste, dem beim Anblick der Aurora borealis die Tränen kommen. Die besten Chancen, Polarlichter zu sehen, hast du zwischen September und März, aber auch da gibt es keine Garantie; die Bedingungen müssen stimmen. Im Idealfall ist der Himmel wolkenlos, um dich herum ist es vollkommen dunkel, und es müssen Sonneneruptionen vorangegangen sein. Die faszinierenden Leuchterscheinungen entstehen, wenn elektrisch geladene Teilchen ins All geschleudert werden und auf die oberen Schichten der Erdatmosphäre treffen. Über die Sonnenaktivität informieren dich verschiedene Aurora-Apps, du kannst dich aber auch einer Tour der Northern Light Hunters anschließen.

ISLÄNDISCHE KULTUR

Nimm auf deiner Islandreise nicht nur Kontakt zu anderen Backpackern auf, sondern beschäftige dich auch mit der faszinierenden Kultur und den fremdartigen Gebräuchen der Locals. Sie können dir anhand von Runensteinen die Zukunft vorhersagen, und jeder Isländer isst ab und zu einen Happen Hákarl (übel riechendes, fermentiertes Haifleisch), den er mit Black-Death-Bier hinunterspült. Frag auch mal einen Einheimischen, was es mit den großen Steinen auf sich hat, die manchmal mitten auf der Straße liegen. Vielleicht erzählt er dir eine Elfengeschichte. Die Isländer glauben nämlich an eine Parallelwelt, in der verborgene Wesen leben: das Huldufólk.

MALAYSIA

Reisedauer	2–3 Wochen
Transport	Bus, Zug, Boot
Budget	€
Flug nach	Kuala Lumpur
Beste Reisezeit	Juni bis August
Unterkunft	Hostel, Guesthouse, Strandhütte
Essen und Trinken	Char Kway Teow, Roti Canai, Nudelsuppe, Mango Lassi

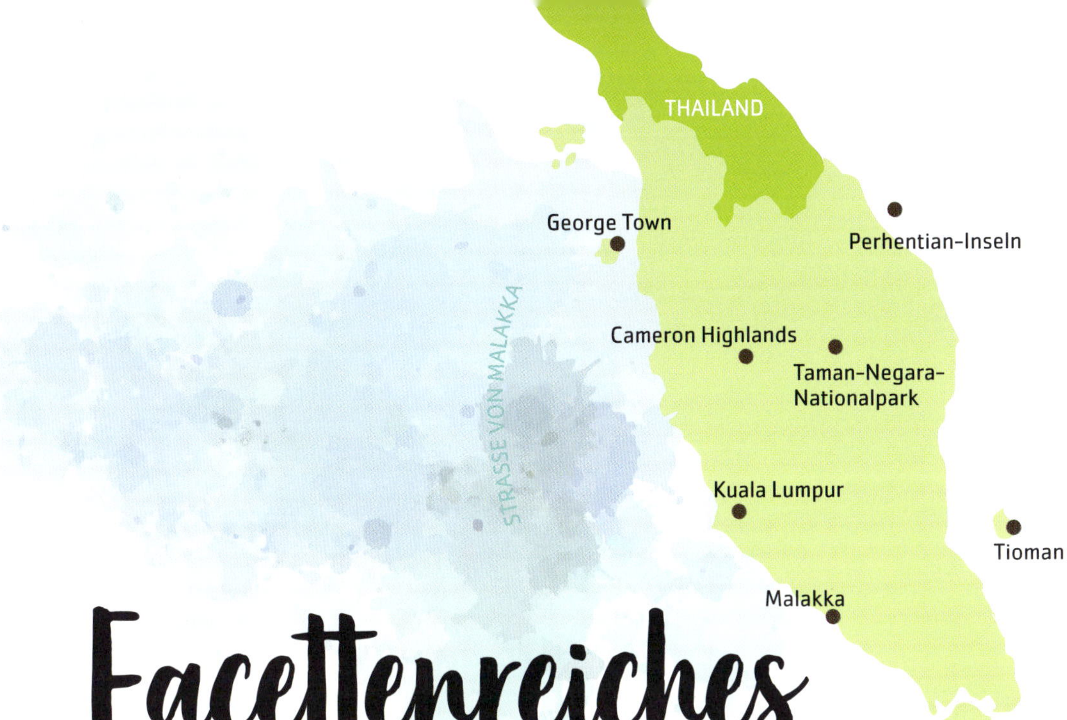

THAILAND
George Town
Perhentian-Inseln
STRASSE VON MALAKKA
Cameron Highlands
Taman-Negara-Nationalpark
Kuala Lumpur
Tioman
Malakka

Facettenreiches MALAYSIA

Malaysia bietet alles, was das Backpacker-Herz begehrt, und das auch noch für wenig Geld! Flüge nach Kuala Lumpur sind neben Bangkok-Flügen oft die günstigsten in Richtung Südostasien. Aber auch für Hotels, Busfahrten und einen Teller Nudeln bezahlst du nicht viel. Trotzdem reisen weniger Backpacker nach Malaysia als nach Thailand. Dabei ist es ein wunderschönes Land mit tiefgrünen Regenwäldern, Traumstränden, lebendigen Städten und bunten Dörfern. Die Entfernungen zwischen all den coolen Orten sind nicht allzu groß, und da Backpacker oft dieselben Ziele ansteuern, lernst du schnell andere Traveller kennen.

FAHR FÜR EINEN TAG VON KUALA LUMPUR NACH KUALA SELANGOR! ABENDS VERWANDELN DORT TAUSENDE GLÜHWÜRMCHEN DIE MANGROVEN IN EIN LICHTERMEER.

KUALA LUMPUR

In Malaysias Hauptstadt Kuala Lumpur beginnt dein Backpacking-Abenteuer. Ein Hostel suchst du dir am besten in **Chinatown**; Zentrum des Viertels ist die Petaling Street. Hier gibt es billige Garküchen, und einen Platz im Dorm bekommst du für 10 $. Lust auf Shoppen? Dann geh in die Malls im Viertel Bukit Bintang. Oder schnupperst du lieber ein bisschen Kultur? In Chinatown gibt es verschiedene farbenprächtige Tempel, z. B. den Hindutempel Sri Maha Mariamman und den chinesischen Guan-Di-Tempel.

Die **Petronas Towers** mit der Verbindungsbrücke in luftiger Höhe musst du einfach gesehen haben. Bei ihrer Eröffnung das höchste Gebäude der Welt, mussten sie den Titel inzwischen abgeben, sind aber noch immer ein Wahrzeichen der Stadt. Eine Touristenattraktion sind auch die **Batu Caves**, Kalksteinhöhlen im Viertel Gombak, die mehrere Hindutempel beherbergen. Davor steht eine 42 m hohe goldene Statue des Hindugottes Murugan. Zu den Höhlen führt eine schier endlose steile Treppe hinauf, auf der dich Horden von Affen begleiten. Pass gut auf deine Sachen auf, denn was so ein Makak sich schnappt, siehst du wahrscheinlich nie wieder. Oben betrittst du eine Höhle mit mehreren Altären – möglichst nicht an einem Feiertag, da ist dort die Hölle los.

Hast du noch Zeit für einen ungewöhnlichen Ausflug? Fahr für einen Tag nach **Kuala Selangor** und mit dem Boot ein Stückchen flussaufwärts. Abends verwandeln dort Tausende Glühwürmchen die Mangroven in ein Lichtermeer. Ein märchenhaftes Bild!

TAMAN NEGARA

Im Herzen Malaysias liegt der Taman-Negara-Nationalpark. Von Jerantut kommst du per Boot oder über eine holprige Schotterpiste per Bus dorthin. Mitten im Park liegt das Dorf Kuala Tahan. Hier findest du die meisten Hostels, cool ist aber auch eine Tour mit Übernachtung tief im Dschungel. Dort hast du bessere Chancen, Wildlife zu sehen, es ist nur etwas teurer. Und für das kleinere Budget? Es gibt Wanderwege, die du ohne Weiteres allein gehen kannst, du solltest nur genug Wasser und Sonnencreme mitnehmen. Auch den berühmten Canopy Walk über schwankende Seilbrücken kannst du gut allein bewältigen – eine ganz neue Perspektive! Ein Essen in einem schwimmenden Restaurant auf dem breiten braunen Fluss rundet deinen Aufenthalt ab.

PERHENTIAN-INSELN

So grün wie der Dschungel im Taman Negara, so tiefblau ist das Meer um die Perhentian-Inselgruppe im Norden Malay-

DIE STREET-ART HAT GEORGE TOWN BEI BACKPACKERN NOCH BEKANNTER GEMACHT.

sias. Hauptinseln sind die größere und ruhigere Pulau Perhentian Besar und die kleinere Backpacker-Insel Pulau Perhentian Kecil. Wer Ruhe, Weite und etwas mehr Komfort sucht, fährt nach Besar, wer lässiges Backpacker-Flair will, entscheidet sich für Kecil und findet am Long Beach eine günstige Unterkunft.
Besar und Kecil sind die schönsten Inseln Malaysias. Bei der Überfahrt geht das Indigoblau des Meers allmählich in Türkisgrün über. Das herrlich warme Wasser ist in Strandnähe so klar, dass du auch ohne Taucherbrille den Fischen zusehen kannst. Denk aber daran, dass du die Perhentian-Inseln nur in der Trockenzeit zwischen März und Oktober besuchen kannst.
Am blendend weißen, palmenbestandenen Strand von Pulau Perhentian Kecil siehst du an den malerischen Häuschen Schilder mit Aufschriften wie »Snorkeling is like sex«. Der superfeine Sand bleibt ewig an deinen sonnengebräunten Füßen kleben. Straßen gibt es hier nicht, nur einen Wanderweg, der durch den Dschungel zu weiteren schönen Stränden führt. Unterwegs begegnest du anderen Backpackern und gelegentlich auch einem wenig menschenscheuen Waran. Auf einem Tauch- oder Schnorcheltrip in die sagenhafte Unterwasserwelt der Perhentian-Inseln begrüßen dich Muscheln, Schildkröten und kunterbunte Fische. Eine Schnorcheltour oder einen Tauchkurs – du kannst hier auch das PADI machen – buchst du auf Kecil am besten am Long Beach. Abends ist dieser Strand der *place to be*: Die Beachbars stellen Tische in den Sand und legen Decken aus, sodass er sich in eine einzige große Kneipe verwandelt – ideal, um mit deinen neuen Backpacker-Freunden zu chillen.

GEORGE TOWN

George Town liegt an der Westküste Malaysias auf der Insel Penang, die durch eine Brücke mit dem Festland verbunden ist. Für Foodies ist die Multikulti-Stadt ein Traum! In den Restaurants und an den Streetfood-Ständen auf dem Nachtmarkt kannst du superleckere malaysische Gerichte probieren. Auf so einem Markt steigen dir die seltsamsten Düfte in die Nase, aber sobald du von Asam Laksa, gefüllten Teigtaschen oder frischem Roti Canai gekostet hast, überschlagen sich deine Geschmacksnerven!
In George Town gibt es zahlreiche farbenprächtige Tempel – in allen brennen Räucherstäbchen – und wunderschöne Moscheen. Nimm dir vor allem Zeit für einen Besuch des **Kek Lok Si**, der größten buddhistischen Tempelanlage Malaysias. Auf Schritt und Tritt überraschen dich hier bunte Farbenspiele und eindrucksvolle Statuen. Achte in George Town auch auf die Kolonialbauten. Sie sind zum Teil ein wenig

福德祠

弟子
祈求合家平安
Family To Be Safe
弟子
祈求工作順利
Smooth Working Conditions
平安
Safety

DIE CAMERON HIGHLANDS: TEEPLANTAGEN, SO WEIT DAS AUGE REICHT - SAFTIG GRÜNE HÜGEL MIT TAUSENDEN TEESTRÄUCHERN.

verfallen, aber es ist doch etwas Besonderes, eine solche Kolonialarchitektur in Südostasien zu sehen. Sehr zu empfehlen ist auch ein Gang über den **Chew Jetty**, ein chinesisches Viertel auf Pfählen im Wasser. Street-Art macht George Town zu einem Open-Air-Museum. Die 3-D-Graffiti vor allem haben die Stadt bei Backpackern noch bekannter gemacht. Die berühmtesten zeigen breit lachende malaysische Kinder auf einer realen Schaukel und einem echten Fahrrad – beides ist an einer Mauer befestigt.

CAMERON HIGHLANDS

In den Cameron Highlands entdeckst du einen neuen Landschaftstyp in einem kühleren Klima: Teeplantagen, so weit das Auge reicht - saftig grüne Hügel mit Tausenden Teesträuchern. Hier gedeiht auch die gigantische rot-orangefarbene Riesenrafflesie, die größte Blume der Welt, die leider ziemlich übel riecht. Besuche auch die Erdbeerplantagen und den Mossy Forest mit seinen fleischfressenden Pflanzen. In lässigen Hostels kannst du abends mit anderen Backpackern bei einem Tiger-Bier am Lagerfeuer chillen.

MALAKKA

Malakka ist die wohl bunteste, geselligste Stadt Malaysias. Es gibt dort jede Menge Tempel, die Häuser sind in fröhlichen Farben gestrichen, und die Straßen werden von roten Laternen beleuchtet. Quietschbunt geschmückte Fahrradrikschas fahren vorüber, und an jeder Ecke findest du ein Restaurant. In Malakka will man die ganze Zeit nur herumschlendern. Man stößt dabei auf viele Spuren der Niederländer, darunter das »Stadthuys«, eine Windmühle und das Marinemuseum im Nachbau einer portugiesischen Galeere. Manche Straßen haben noch niederländische Namen, etwa die Heeren Street und die Jonker Street, die sich abends in einen Nachtmarkt verwandelt. Iss dort einen Happen und genieße die Karaoke-Auftritte der Locals.

TIOMAN

Ein weiteres Strandparadies an Malaysias Küste ist die Insel Tioman im Südosten – ideale Endstation für alle, die noch ein bisschen unbeschwertes Strandleben mitnehmen wollen. Hierher kommt man, um in einer Hängematte zu chillen oder im tiefblauen Meer zu dümpeln. Alles kann, nichts muss! Tauchen und schnorcheln kannst du hier genauso gut wie vor den Perhentian-Inseln. Auch deine Unterkunft ist ein tropischer Traum: eine spottbillige Hütte am Strand. Lust auf mehr Aktivität? Im dichten Dschungel des Inselinneren kannst du schöne Wanderungen machen – z. B. zum Asah-Wasserfall –, wo du Affen, Schlangen und Echsen begegnest.

DER WESTEN DER USA

Reisedauer	4 Wochen
Transport	Camper
Budget	€€€€€
Flug nach	San Francisco, Los Angeles
Beste Reisezeit	April bis Juni, September bis November
Unterkunft	Camper, Motel, Hostel
Essen und Trinken	Burger, Milchshakes

San Francisco
Yosemite-Nationalpark
Sequoia-Nationalpark
Las Vegas
Zion-Nationalpark
Bryce-Canyon-Nationalpark
Monument Valley
Antelope Canyon
Grand Canyon
Los Angeles
Joshua-Tree-Nationalpark
PAZIFIK
MEXIKO

Roadtrip DURCH DIE USA

Das ultimative Freiheitsgefühl erlebst du als Backpacker im Roadtrip-Paradies USA. Miete einen graffitiverzierten Camper und fahre drei Wochen lang Tausende Kilometer durch den überwältigenden Westen. Roadtrip-Songs wie »Sweet Home Alabama« schallen aus dem Autoradio, und du steuerst bei weit geöffneten Fenstern oder voll aufgedrehter Klimaanlage einen spektakulären Nationalpark nach dem anderen an. Amerikas Westen ist berühmt für seine vielen Nationalparks, hat aber auch tolle Städte wie San Francisco, Las Vegas und Los Angeles zu bieten. Geschlafen und gegessen wird im Bus, in gemütlichen Hostels, in denen du schnell andere Backpacker kennenlernst, oder in den billigen Motels, die für die USA so typisch sind. Du bist noch keine 21? Dann kann es teuer oder schwierig werden, einen Bus zu mieten; Alternativen sind Amtrak-Züge oder Greyhound-Busse, aber am coolsten und einfachsten ist und bleibt Backpacking in den USA mit einem Camper. Denn auf dem Roadtrip gilt das Motto: »Home is where you park it.«

16

ROADTRIP DURCH DIE USA

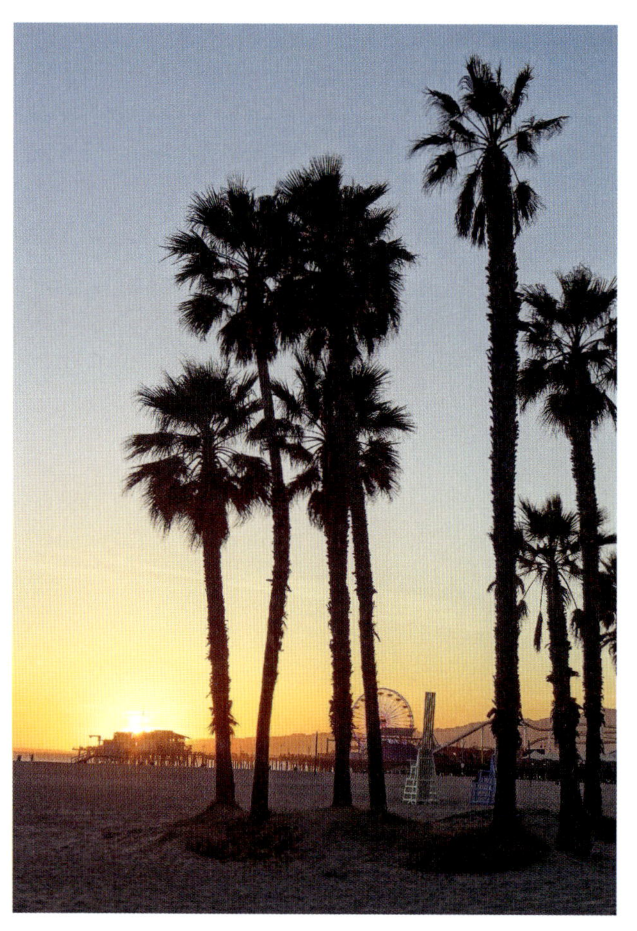

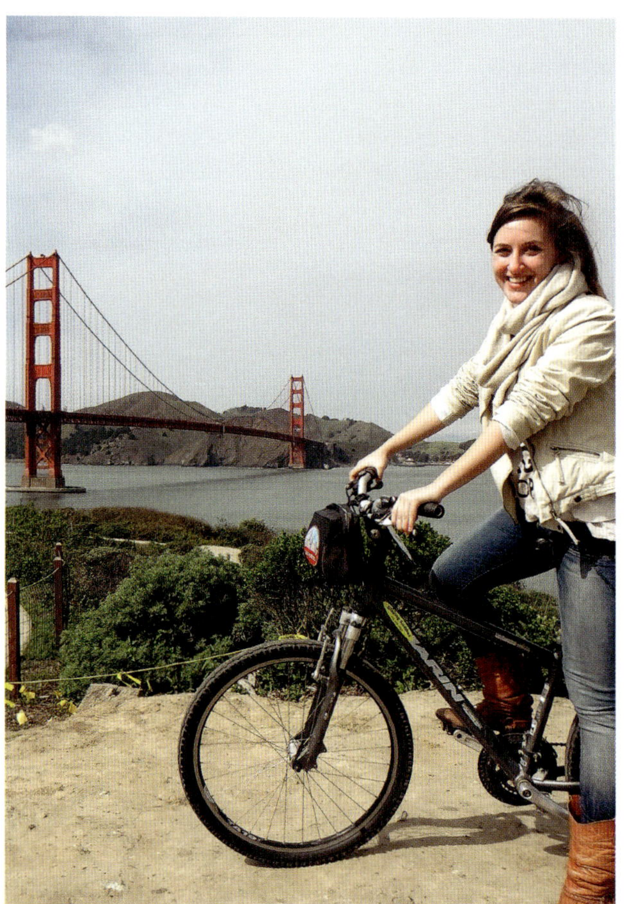

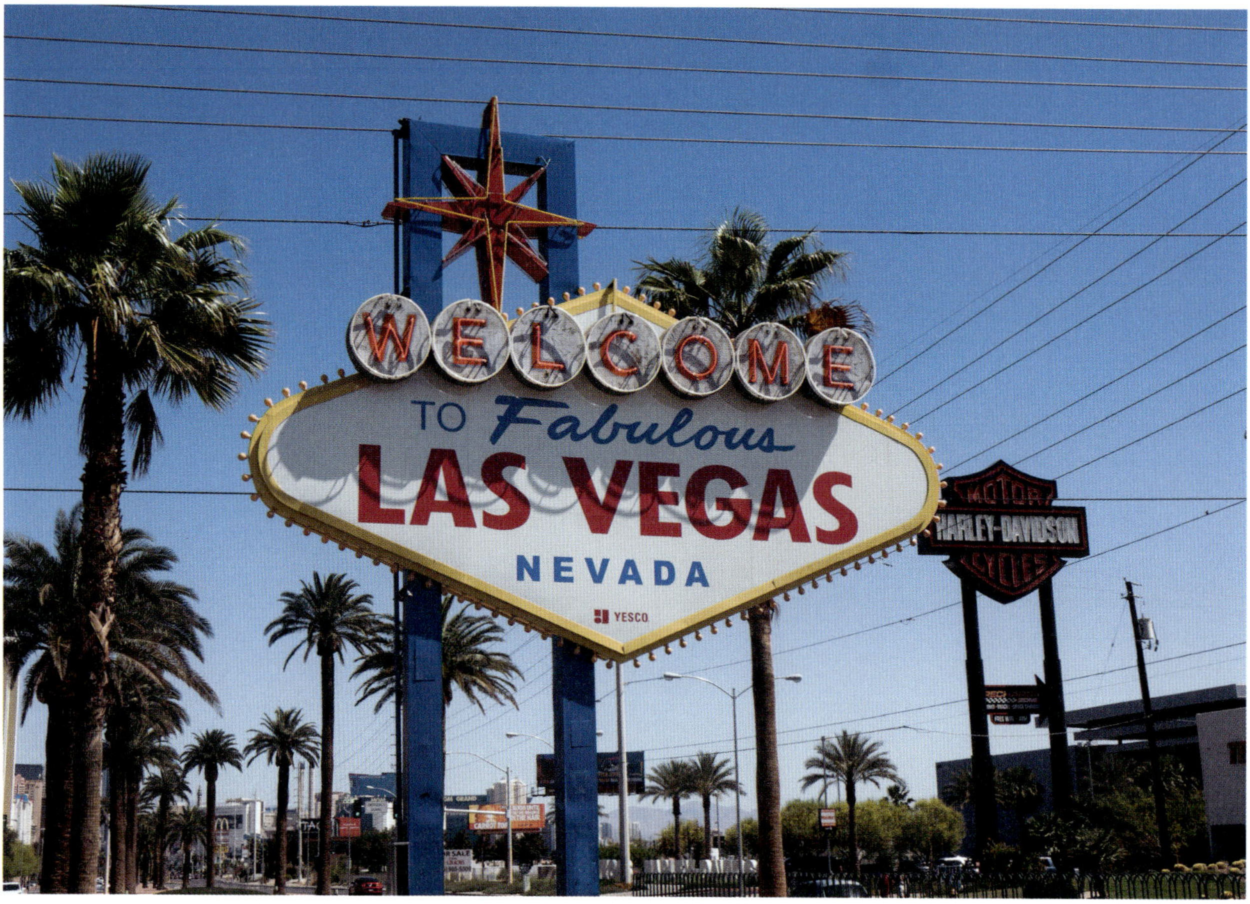
WELCOME
TO Fabulous
LAS VEGAS
NEVADA
YESCO
MOTOR
HARLEY-DAVIDSON
CYCLES

IN SAN FRANCISCO ÜBERNACHTEST DU IN EINEM DER RELAXTEN HOSTELS, WO ES ZUM FRÜHSTÜCK BAGELS MIT ERDNUSSBUTTER UND GELEE GIBT.

SAN FRANCISCO

Eine der schönsten Städte an der Westküste der USA ist San Francisco. Du übernachtest dort in einem der relaxten Hostels, wo es zum Frühstück Bagels mit Frischkäse oder – womöglich gewöhnungsbedürftig – mit Erdnussbutter und Gelee gibt. Anschließend schwingst du dich aufs Fahrrad, denn außer einem Gang über den belebten **Union Square** und durch das bunte **Chinatown** ist eine Radtour die beste Art, San Francisco zu erkunden. Fahr den **Pier 39** entlang und sag im Hafenviertel Fisherman's Wharf den Seelöwen Guten Tag. Weiter geht es zur legendären **Golden Gate Bridge**. Genieß die Aussicht am Vista Point und sieh dir dann im schwimmenden Wohnviertel **Waldo Point Harbor** die verrückten Hausboote an. Wenn du es eilig hast, nimm in Sausalito die Fähre zurück ins Zentrum; so kommst du auch an der berühmten Gefängnisinsel **Alcatraz** vorbei. Du hast noch Energie übrig? Dann fahr weiter und bewundere die Baumriesen in den **Muir Woods**. Nachdem du dein Fahrrad zurückgebracht hast, geh noch kurz in eine der besonders steilen Straßen. Man fragt sich, wie dort je Häuser gebaut werden konnten! Ein Foto wert sind die Haarnadelkurven der **Lombard Street**.

YOSEMITE

Der Yosemite-Nationalpark gehört zu den meistbesuchten Parks der USA. Hier erwarten dich wunderschöne Berghänge, gigantische Wasserfälle und glasklare Seen, in denen sich die Landschaft spiegelt. Es gibt hier verschiedene Wandermöglichkeiten, z. B. zu den Lower Yosemite Falls, zum Bridalveil Fall und zur Swinging Bridge. Die schönsten Aussichtspunkte sind der Tunnel View und der Glacier Point.

SEQUOIA

Im Sequoia-Nationalpark umgeben dich Bäume, die so riesig sind, dass dir schwindlig wird, wenn du zur Krone hochschaust. Mach einen Rundgang durch den Giant Forest und staune über den General Sherman Tree, der mit fast 85 m der höchste Baum der Welt ist. Sehenswert ist auch der Tunnel Log, ein umgestürzter Mammutbaum, unter dem man mit dem Auto durchfahren kann.

LAS VEGAS

Am Las Vegas Strip reiht sich ein riesiges Hotel oder Casino ans andere – ein Vergnügungspark für Erwachsene, ideal, um mal einen Club zu besuchen, wie man ihn aus Spielfilmen kennt. Staune über die Bellagio-Fontänen und fühl dich beim Anblick der Gondeln im Venetian Resort nach Italien versetzt. Mach ein Foto vom

DER ANTELOPE CANYON LIEGT IM NAVAJO-RESERVAT MITTEN IN DER WÜSTE.

berühmten »Welcome to Fabulous Las Vegas«-Schild und schau dich um, ob du nicht ein Pärchen entdeckst, das sich in einer der Hochzeitskapellen trauen lassen will. Auch Downtown Las Vegas lohnt sich: In der Fremont Street findet allabendlich eine spektakuläre Lightshow statt.

ZION

Im Zion-Nationalpark in Utah prägen bizarre rostbraune und rote Felsformationen die Landschaft. Man kann dort coole Radtouren und Hikes machen, z. B. durch den Zion Canyon, der vom steilen Angels Landing Trail am schönsten anzusehen ist. Am Ende des anstrengenden Aufstiegs wirst du mit einem Blick auf rote Felsen, weiße Gipfel und ein grünes Tal belohnt. Auch dort unten gibt es schöne Wanderwege, z. B. den Riverside Walk vom Ausgangspunkt Temple of Sinawa. Hast du eine gute Kondition und wasserfeste Schuhe? Die brauchst du auf dem Narrows Trail, denn hier musst du ein ganzes Stück durch den Fluss in der Schlucht waten.

BRYCE CANYON

Ein einzigartiges Fleckchen Natur findest du im Bryce-Canyon-Nationalpark. Durch Erosion sind hier stalagmitenähnliche Felsformationen entstanden, die an die Sandburgen aus deiner Kindheit erinnern. Die rot-weißen, turmartigen Gebilde werden Hoodoos genannt. Die schönsten Aussichtspunkte sind der Bryce Point, Inspiration Point, Sunset Point und die fotogene Bryce Natural Bridge. Wer ganz ins Meer der Hoodoos eintauchen möchte, sollte den einfachen Rim Trail oder den schwierigeren Navajo Loop Trail gehen, der am Amphitheater beim Sunset Point beginnt.

ANTELOPE CANYON und HORSESHOE BEND

Der märchenhafte Antelope Canyon liegt in einem Navajo-Reservat mitten in der Wüste. Im Upper Canyon steigst du durch einen Felsspalt ein paar Meter auf den sandigen Boden hinunter. Hier erwartet dich schimmerndes, von Wassermassen, die hier einst hindurchströmten, ausgewaschenes Gestein in tausend Orangetönen. Im Lower Canyon geht es über Metalltreppen unter die Erde, aber Vorsicht: Nach starken Regenfällen kommt es vor, dass wieder Wasser durch den Canyon fließt. Nicht weit vom Antelope Canyon findest du noch ein weiteres paradiesisches Fleckchen: den Horseshoe Bend, wo sich der Colorado River hufeisenförmig um einen hohen Felsstock windet.

MONUMENT VALLEY

Auf der Fahrt zum Monument Valley über den Highway 163 näherst du dich einer abenteuerlichen Silhouette aus zerklüfte-

IM JOSHUA-TREE-NATIONALPARK SIND NICHT DIE BIZARREN FELSFORMATIONEN DAS EINDRUCKSVOLLSTE, SONDERN DIE SELTSAMEN BÄUME.

ten Felsformationen. Du siehst die Cowboys förmlich vor dir, die früher durch die Sandsteinlandschaft galoppiert sind. Die roten Felstürme sind z. T. Hunderte Meter hoch. Top-Fotomotive sind East und West Mitten Butte, Merrick Butte, Totem Pole und die Three Sisters.

GRAND CANYON

Der berühmte Grand Canyon ist so riesig, dass man es kaum in Worte oder Fotos fassen kann. Selbst an den Viewpoints ist es schwer zu begreifen, wie unermesslich weit und schön diese Landschaft ist – die breite, tiefe Schlucht ist einfach überwältigend! Der Flashpacker überfliegt das Naturwunder im Helikopter, der Backpacker mit kleinerem Budget wandert oder fährt einen Tag lang von einem Aussichtspunkt zum anderen. Auch in der Schlucht selbst sind sensationelle Hikes möglich, z. B. über einen Teil des ebenen Rim Trail oder den etwas schwierigeren South Kaibab Trail.

JOSHUA TREE

Im Joshua-Tree-Nationalpark sind nicht die bizarren Felsformationen das Eindrucksvollste, sondern die seltsamen Bäume – *Yucca brevifolia*. Auf den Campingplätzen blickst du empor zu einem unvergleichlichen Sternenhimmel. Es gibt hier auch schöne Wanderwege wie den Hidden Valley Trail und den Barker Dam Loop, beide etwa zwei Kilometer lang. Weitere Highlights sind der Skull Rock, der Keys View und die Cottonwood Spring Oasis.

LOS ANGELES

Los Angeles darf auf deiner Backpacking-Route durch den Westen der USA natürlich nicht fehlen: das weltberühmte Hollywood, die hippen Viertel Santa Monica und Venice Beach, aber auch bekannte Schauplätze aus Serien wie Laguna Beach oder Bel Air. Ein Foto des **Hollywood Signs** gehört selbstverständlich auch dazu; vom **Griffith Observatory** ist es besonders gut zu sehen. Auf dem Walk of Fame am Hollywood Boulevard kannst du Sterne suchen, am **Chinese Theatre** ausprobieren, ob dein Hand- oder Fußabdruck in den eines Filmstars passt. In Los Angeles bietet es sich außerdem an, ein **Baseballspiel** zu besuchen. Apropos Sport: Miete einen Beachcruiser und radle in **Santa Monica** ein Stück über den Strand bis zum Pier, an dem die weltberühmte Route 66 endet. **Venice Beach** gleich nebenan bietet entspanntes Hippieflair. Mach dich auf die Suche nach dem »Venice«-Schriftzug und dem romantischen Venice Canals Walkway. Hostels gibt es in L. A. ohne Ende. Viele bieten tagsüber Stadtführungen und abends Pub Crawls an. So lernst du Los Angeles noch besser kennen und triffst andere Backpacker.

PERU

Reisedauer	3–4 Wochen
Transport	Bus
Budget	€€€
Flug nach	Lima
Beste Reisezeit	Mai bis Oktober
Unterkunft	Hostel, Guesthouse
Essen und Trinken	Ceviche, Alfajores, Pisco Sour

Geheimnisvolles PERU

Auf der Bucketlist jedes Backpackers für Peru steht das Weltwunder Machu Picchu. Aber Peru hat noch viel mehr zu bieten: tolle Städte wie Cuzco oder Lima und Berge in allen Farben des Regenbogens. Du kannst in der Nähe einer Oase sandboarden und über eindrucksvolle Seen wie den Titicacasee schippern. Auch die mysteriösen Nazca-Linien lohnen einen Besuch, ebenso wie der majestätische Colca Canyon. Peru ist ein vielgestaltiges Land, in dem jeder Backpacker-Typ auf seine Kosten kommt. Es gibt Unmengen von Hostels, und die Preise sind im Allgemeinen so niedrig, dass du ohne Weiteres drei bis vier Wochen bleiben kannst.

17

BACKPACKER, DIE NACH HUACACHINA KOMMEN, DÜRFEN ZWEI DINGE NICHT VERPASSEN: SANDBOARDEN UND BUGGYFAHREN.

LIMA

Die meisten Backpacker beginnen ihre Peru-Rundreise in Lima. Die Hauptstadt wirkt auf den ersten Blick ziemlich hektisch, aber wer sich Zeit nimmt, kann sich hier richtig wohlfühlen. Such dir ein Hostel im lebendigen Stadtteil **Barranco** und erkunde am Abend mit deinen neuen Reisefreunden die netten Bars und gemütlichen Restaurants der Gegend. Drei Dinge musst du in Peru unbedingt probieren: Ceviche, Pisco Sour und Alfajores, ein süßes Gebäck. Streife tagsüber durch die Altstadt und bewundere die prächtigen Bauten. Höhepunkte sind die **Plaza Mayor** und die **Iglesia de Santo Domingo**. Auch der am Meer gelegene Bezirk **Miraflores** ist ein Muss. Tagsüber genießt du dort das Strandleben, abends kannst du dich gar nicht sattsehen an den Wasserspielen im Parque de la Reserve. Wenn du Lust hast, geh für ein paar Stunden auf dem Mercado Indio oder in den vielen kleinen Shops auf Souvenirjagd.

HUACACHINA

Das Backpacker-Dorf Huacachina liegt mitten in der Wüste: gelbe Sanddünen, so weit das Auge reicht. Und mittendrin plötzlich ein kleiner grüner See mit Palmen am Ufer und eine Handvoll Restaurants und Hotels – eine Oase, wie man sie eher im Nahen Osten erwarten würde als im südamerikanischen Peru. Backpacker, die nach Huacachina kommen, dürfen zwei Dinge nicht verpassen: Sandboarden und Buggyfahren. Mit den futuristischen Buggys dringst du noch tiefer in die Wüste vor und kurvst mit Vollgas durch den Sand – da ist der Adrenalinkick garantiert, eine Achterbahn ist nichts dagegen! Das Sandboard bewegst du aus eigener Kraft: An der Dünenkante gibt dir jemand einen Schubs, und schon schießt du abwärts – ein ultimatives Freiheitsgefühl! Zieh lange Hosen und dicht abschließende Schuhe an und nimm genug Sonnencreme mit, denn nicht nur die Sonne ist glühend heiß, sondern auch der Sand. Ein unvergleichlicher Sonnenuntergang rundet deinen Aufenthalt in Huacachina ab.

NAZCA

Nicht jedes Backpacker-Budget gibt es her – aber ein Flug über die mysteriösen Nazca-Linien ist ein einmaliges Erlebnis! Nur aus der Luft sind die jahrhundertealten Zeichnungen gut zu sehen: in die Erde gescharrte gigantische Tiere und seltsame Labyrinthe, deren Bedeutung bis heute nicht vollständig entschlüsselt ist. Auch der Flug selbst ist etwas ganz Besonderes. Eine halbe Stunde lang kreist du mit anderen Passagieren über dem faszinierenden Linienspiel – möglichst am Morgen, da treten die Muster am deutlichsten hervor.

WENN DU AUF DEINER BACKPACKING-TOUR ZUM ERSTEN MAL GROSSE HÖHEN ERREICHST, NIMM DIR ZEIT, UM DICH ZU AKKLIMATISIEREN.

COLCA CANYON

Wer in Peru wandern will, denkt wahrscheinlich nicht als Erstes an den Colca Canyon, dabei ist er tiefer als der Grand Canyon, und der sensationelle Aussichtspunkt **Mirador de los Andes** liegt fast 5000 m hoch. Vor dir erstreckt sich eine überwältigende Naturlandschaft, die mit ihren tollen Wanderwegen ein echtes Hikerparadies ist. Am Mirador Cruz de Condor kannst du Kondore beobachten, die zu den größten flugfähigen Vögeln der Welt gehören. Auf der Fahrt dorthin durch den Nationalpark Pampa Cañahuas siehst du Lamas und Alpakas. Wenn du im Colcatal übernachten möchtest, mach Station im Städtchen Chivay, das einige Highlights zu bieten hat. Etwas außerhalb liegen die heißen Quellen von La Calera. Schön ist auch eine Fahrt durch Dörfer wie Yanque und Cabanaconde.

Höhenkrankheit in Peru

Wenn du auf deiner Backpacking-Tour zum ersten Mal große Höhen erreichst, nimm dir unbedingt Zeit, um dich zu akklimatisieren, sonst könntest du in der sauerstoffärmeren Luft dort oben höhenkrank werden. Erste Anzeichen sind Kopfschmerzen und Übelkeit. Das kann dir am Colca Canyon genauso passieren wie an anderen hoch gelegen Orten wie Puno und Cuzco.

PUNO

Die Stadt Puno liegt auf 3812 m Höhe am tiefblauen **Titicacasee**, einem der höchstgelegenen Seen der Welt. Es geht hier zwar ziemlich touristisch zu, aber etwas Besonderes ist es doch, auf einer Bootstour die schwimmenden Inseln der Uru-Indianer zu sehen: Ihre Häuser und Boote und die Inseln selbst bestehen aus Schilf! Einen Besuch wert ist auch die autofreie Insel Taquile. Ihr Zentrum liegt hoch am Berg, und der Sonnenuntergang hier ist ein unvergessliches Erlebnis.

CUZCO

Cuzco, die Hauptstadt des Inkareichs und UNESCO-Weltkulturerbe, darf auf deiner Tour auf keinen Fall fehlen. In den Gässchen siehst du noch alte Inkamauern, du begegnest Frauen in traditioneller Tracht, und fast auf jedem Platz steht eine Kirche. Sieh dir die Highlights an, z. B. die Kirche **San Cristobal**, die belebte Plaza de Armas, die weißen Gassen und Läden rings um die Plaza San Blas und den Straßenmarkt San Pedro. Erkunde auch die coolen Ausgehmöglichkeiten, und wenn deine Zeit für einen Daytrip reicht, fahr zu den **Salinas**, den Salzterrassen von **Maras**, mit ihren 3000 weißen, gelblichen und braunen Salzbecken – so etwas gibt es nirgends sonst in Peru.

FÜR DIESES FARBSCHAUSPIEL SIND MINERALIEN IM GESTEIN VERANTWORTLICH.

MACHU PICCHU

Machu Picchu, *das* Wahrzeichen Perus und einer der schönsten Orte in Südamerika, ist zu Fuß schwer zu erreichen. Heilige Berge umgeben die mystische Stadt. Von hoch gelegenen Aussichtspunkten blickst du auf Terrassenreihen, uralte Ruinen und grüne Felder, auf denen Alpakas grasen.

Vorbereitung auf Machu Picchu

Deinen Besuch in Machu Picchu solltest du gut vorbereiten. Von verschiedenen Ticket-Kategorien wird für jeden Tag nur ein bestimmtes Kontingent vergeben, und du musst vorab entscheiden, wie du das Weltwunder erreichen willst. Am häufigsten wird die Zugfahrt von Cuzco zur nächstgelegenen Kleinstadt Aguas Calientes gewählt, dann geht es per Bus oder zu Fuß weiter. Eine günstigere Möglichkeit – wenn auch etwas schwieriger zu organisieren – ist die Fahrt bis zur Bahnstation Hidroeléctrica. Oder du wagst dich an die viertägige Wanderung über den berühmten **Inka-Trail**.

Praktische Tipps

Ob zu Fuß oder per Bahn – eins ist sicher: Rund um Machu Picchu herum ist alles teuer. Wahrscheinlich wird der Besuch sogar zum größten Budgetposten auf deiner Reise. Andererseits: Wer die Inkastadt nicht gesehen hat, war nicht in Peru. Lass dir dort oben Zeit, genieß die Aussicht von den diversen Viewpoints, die Lamas, die versteckten Winkel, und bleib so lang wie irgend möglich. Nimm Proviant und etwas zu trinken mit, damit du vor Ort keine teuren Snacks kaufen musst, und pack unbedingt einen Anorak ein, denn das Wetter kann hier schnell umschlagen. Für Stempelsammler: Nehmt euren Pass mit! Mit dem speziellen Machu-Picchu-Stempel könnt ihr euren Besuch hier verewigen.

RAINBOW MOUNTAIN

Von Cuzco aus kommst du nicht nur gut nach Machu Picchu, sondern auch zum Rainbow Mountain in den Anden. Die Berge hier sehen aus wie eingefärbt: ziegelrot, ockergelb und pastellgrün. Für dieses Farbschauspiel sind Mineralien im Gestein verantwortlich. Den Rainbow Mountain erreichst du nur zu Fuß oder auf dem Pferderücken, was von Cuzco in einer Tagestour zu schaffen, aber anstrengend ist: Du startest mitten in der Nacht und musst etwa drei Stunden bis auf große Höhe aufsteigen. Trotzdem ist es ein einzigartiges Erlebnis – und ein ein spektakulärer Abschluss deiner Backpacking-Reise durch Peru.

TAIWAN

Reisedauer	mindestens 2 Wochen
Transport	Zug, Bus
Budget	€€€€
Flug nach	Taipeh
Beste Reisezeit	Oktober bis November, März bis Mai
Unterkunft	Airbnb, Hotel
Essen	Teigtaschen bei Din Tai Fung, Nudeln

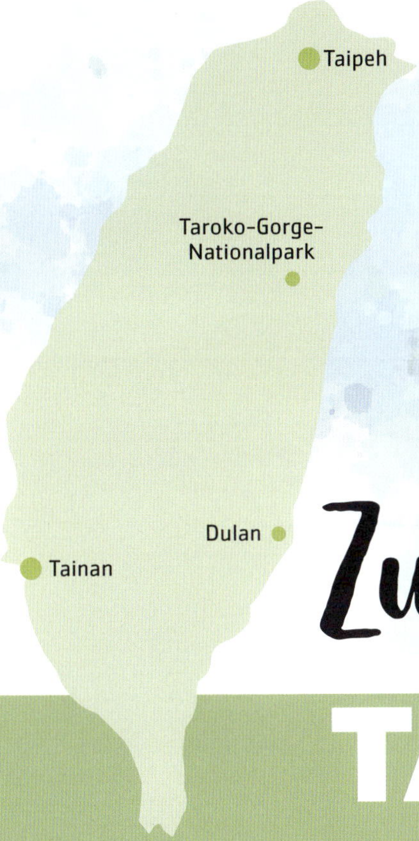

Taipeh
Taroko-Gorge-Nationalpark
PHILIPPINENSEE
Dulan
Tainan

Zug fahren IN TAIWAN

Taiwan dürfte einem beim Thema Backpacking in Asien nicht als Erstes in den Sinn kommen. Schade eigentlich, denn es ist ein wunderschönes, vielseitiges und noch nicht von Backpacker-Massen überschwemmtes Land. Du findest dort das futuristische Taipeh ebenso wie die überwältigende Natur der Taroko Gorge und der Qingshui-Klippen. Deine Geschmacksnerven jubeln im appetitanregenden Tainan, aber du lernst auch beschauliche Surfspots wie Dulan und Donghe kennen, wo die Zeit stillzustehen scheint. Taiwan ist vielleicht das am meisten unterschätzte Backpacking-Reiseziel in Asien, dabei finden Backpacker hier alles, was ihr Herz begehrt.

18

佛櫥
神桌
立潔
牙醫診所
靚檀神像精雕
張正達

TAIPEH IST NICHT NUR FUTURISTISCH, ES IST AUCH EIN HOTSPOT DER KREATIVITÄT UND ERINNERT DA UND DORT AN BERLIN.

TAIPEH

In der Hauptstadt Taiwans landet dein Flieger, hier beginnt deine Backpacking-Reise, und du hast deine erste Begegnung mit diesem noch weitgehend unentdeckten Stück Asien: Sobald du im Zentrum aus der überfüllten U-Bahn steigst, spürst du, was für eine hypermodernde Stadt Taipeh ist. Um Sehenswürdigkeiten wie den weltberühmten **Taipei 101** herum tobt das Leben. Fahr in dem Wolkenkratzer nicht nach oben, sondern bleib im Erdgeschoss und probiere im Restaurant **Din Tai Fung** die sternewürdigen Teigtaschen. Den schönsten Blick auf den Taipei 101 hast du ohnehin von außerhalb des Zentrums, wenn du die vielen Stufen zum **Elefantenberg** hochsteigst. Am Wochenende teilst du dir die Aussichtsplattformen mit Dutzenden Locals und ein paar anderen Backpackern.

Taipeh ist nicht nur futuristisch, es ist auch ein Hotspot der Kreativität und erinnert da und dort an Berlin. Wie in Friedrichshain stößt du auch in Taipeh auf Street-Art und hippe Cafés, wo du sie am wenigsten erwartest. Geh z. B. in den **Songshan-Kultur- und Kreativpark** oder fahr mit der Metro nach **Treasure Hill**. Hier findest du eindrucksvolle Graffiti, Mini-Kunstwerke und seltsame Skulpturen, die so groß sind wie du, z. B. einen Riesen-Glückskeks. Genauso problemlos wie diese Beispiele moderner Kunst kannst du in Taipeh auch farbenprächtige Tempel wie den jahrhundertealten **Long Shan** besichtigen. Räucherstäbchenduft weht dir am Eingang entgegen, und schon bald bist du nur noch von Taiwanesen umgeben, die ein kleines Ritual durchführen.

Wage dich auch auf den Platz vor der **Chiang-Kai-shek-Gedächtnishalle**, der so ehrfurchtgebietend riesig ist, dass du dich einen Moment lang auf dem Platz des Himmlischen Friedens in Peking glaubst. Den Tag beschließt du natürlich auf einem Nachtmarkt wie dem in der **Raohe Street** inmitten von unglaublichem Gewühl, blitzenden Neonlichtern und fremdartigen Düften, die dir aus den vielen Garküchen in die Nase steigen. Bestell dir mutig ein Gericht und erobere dir einen Plastikstuhl mitten auf der Straße, um dein Essen in Ruhe zu verzehren. Taipeh spricht alle Sinne an – eine Stadt, die du nicht verpassen solltest.

TAROKO GORGE und QINGSHUI-KLIPPEN

Ein grandioses Stück Natur ist die **Taroko Gorge**. Pack sicherheitshalber einen Regenponcho ein, miete einen Roller, setz dir einen Helm auf und nimm es mit den Straßen der Region Hualien auf. Schroffe Felsen umgeben dich in der Schlucht; unter leuchtend roten Brücken strömt eisblaues

PALMEN UND BANANENSTAUDEN, TOSENDE BRANDUNG UND EIN DUNKELGRAUER STRAND VOLLER MUSCHELN IN ALLEN REGENBOGENFARBEN.

Wasser hindurch. Lass dir viel Zeit am **Schrein des ewigen Frühlings**, unter dem ein Wasserfall hervorrauscht, bestaune schwindelerregende Hängebrücken und sieh dir die **Schwalbengrotte** an.

Etwas außerhalb des Nationalparks liegen die **Qingshui**-Klippen. Einen Moment lang wird es dir vorkommen, als wärst du in ein anderes Land teleportiert worden, so sehr unterscheidet sich die Landschaft hier vom übrigen Taiwan. 800 m tief stürzt der Fels ins türkisblaue Meer. Deine Haare flattern im Wind, und du kannst gar nicht genug kriegen von diesem eindrucksvollen Naturschauspiel.

DULAN und DONGHE

In Dulan an der Ostküste erfasst dich eine Art Hawaii-Gefühl: Palmen und Bananenstauden, tosende Brandung und ein dunkelgrauer Strand voller Muscheln in allen Regenbogenfarben. Und wenn du dich umdrehst, hast du ein Bergpanorama vor dir, in dem einzelne rosa Blüten aus dem tiefgrünen Dschungel hervorleuchten. Du könntest Stunden hier verbringen! Bleib ein paar Tage in Dulan oder Donghe und genieß es einfach nur. Denn viel scheint hier nicht zu passieren, das merkt man schon, wenn man mit dem Bus über die Schnellstraße fährt, an der Dulan und Donghe liegen: Nach knapp zehn Minuten hat man die beiden Orte hinter sich. Nimm dir trotzdem Zeit für dieses herrliche Fleckchen Erde. Such dir ein Hostel, das **Surfkurse** anbietet, und schalte in den Chillmodus. Im **Low Pressure Guesthouse** z. B. fühlst du dich sofort zu Hause und kannst total relaxen. Es wird von einem japanischen Surfer betrieben, einem Nachfahren von Angehörigen des indigenen Volks der Bunun, das für seine besonderen Gesänge bekannt ist. Diese wunderbar warmen Klänge umgeben dich auch, wenn du im Low Pressure Guesthouse auf der offenen Veranda mit Meerblick beim Frühstück sitzt und die Besitzer im Hintergrund leise zu einer CD mitsingen.

Das Gefühl, das sich nach ein paar Tagen in Dulan und Donghe einstellt, ist schwer zu beschreiben – man muss es selbst erleben. Hier herrscht die gleiche lässige Backpacker-Atmosphäre wie in Australien oder auf Hawaii. Alles zu seiner Zeit – nur für die perfekte Welle scheint man sich hier zu sputen. Viele Backpacker gibt es hier nicht; wenn du am Strand entlanggehst, begegnen dir vereinzelte Fischer oder eine Handvoll hiesiger Surfdudes. Die sagen dir dann gern, dass du mit deinem/deiner Liebsten zum **Lovers Beach** fahren musst. Am Wochenende kannst du in der **Sugar Factory** die Nacht durchtanzen, um dann schweren Herzens Abschied zu nehmen von diesem wunderbaren Ort.

MIT EIN PAAR BRAUCHBAREN TIPPS LANDEST DU IN DEN BESTEN RESTAURANTS DER STADT.

TAINAN

An der Südwestküste Taiwans liegt Tainan. Du tauchst sofort in die Vergangenheit ein, wenn du die prächtigen Tempel besichtigst. Einer der wichtigsten ist der Konfuziustempel, dem aber **Fort Provintia** (auch bekannt als Chikhan-Turm) in nichts nachsteht. Die Stille in den Tempeln steht in krassem Gegensatz zur Hektik in den Straßen. Ständig flitzen Roller und Autos an dir vorbei. Abends leuchtet ein Meer von Neonlichtern auf. Manchmal findest du dich kaum zurecht im Labyrinth der Gassen, aber mit ein paar brauchbaren Tipps landest du schließlich doch in den besten Restaurants der Stadt. Mal bekommst du dort die seltsamsten Gerichte vorgesetzt, z. B. rosa Suppe, mal bedauerst du, dass dein Teller Nudeln so schnell verputzt ist. Unbedingt reinschauen solltest du ins Café Kokoni und ins Café IsShoNi, ins Rich Gelato und ins Shan Lin Xiang. Dort ist es zwar etwas teurer als in einer Garküche, aber das Essen ist top.

Wenn du mehr von Taiwan sehen willst

Mit dem Hochgeschwindigkeitszug fährst du nach Taipeh zurück. Nimm noch den Sonne-Mond-See und die Traumstrände im Nationalpark Kenting mit in deine Reiseroute auf! Nachdem du das alles gesehen hast, fliegst du mit einem Rucksack voller Erinnerungen an die schönsten Highlights in Taiwan zurück nach Hause.

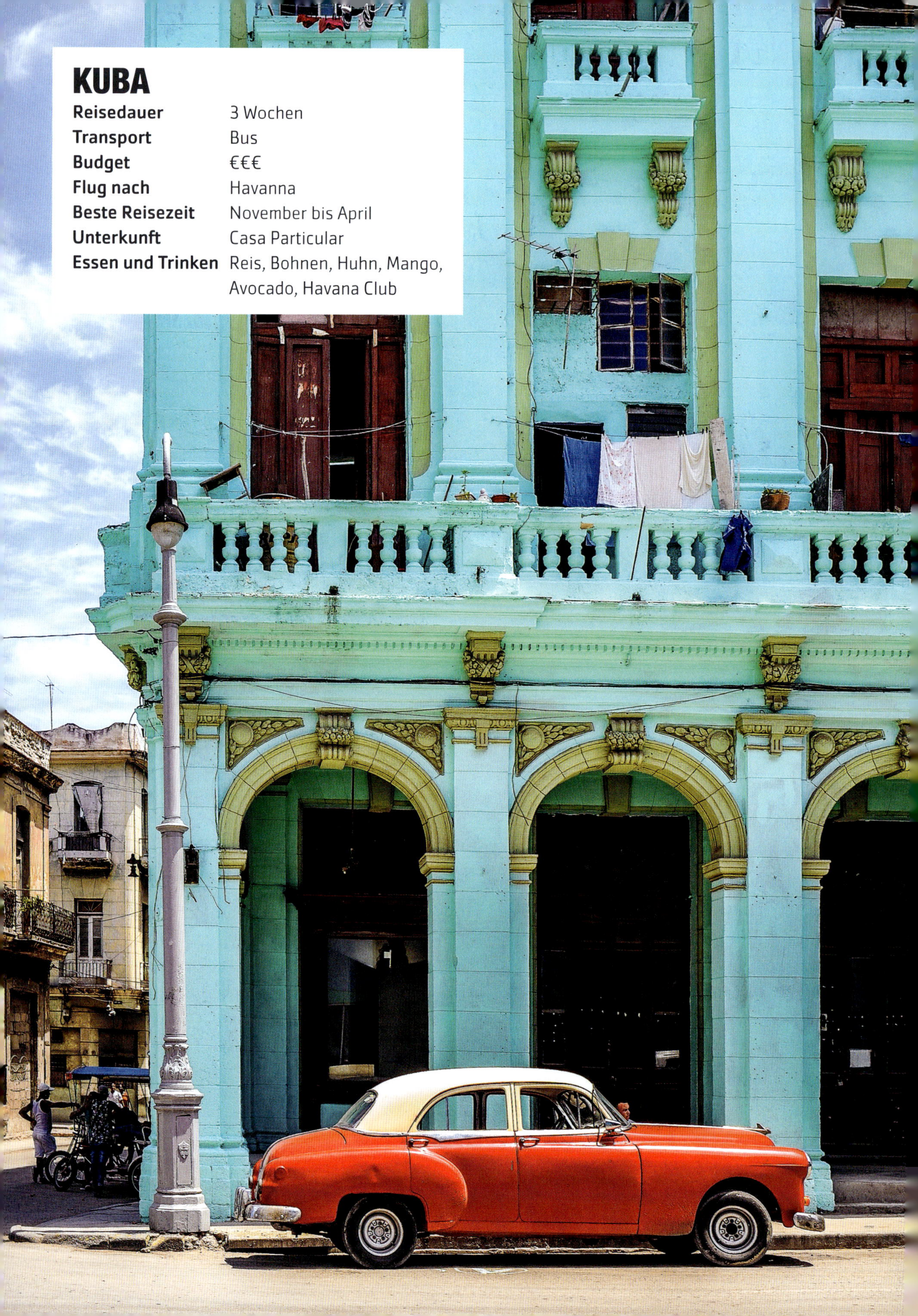

KUBA

Reisedauer	3 Wochen
Transport	Bus
Budget	€€€
Flug nach	Havanna
Beste Reisezeit	November bis April
Unterkunft	Casa Particular
Essen und Trinken	Reis, Bohnen, Huhn, Mango, Avocado, Havana Club

Farbenfrohes KUBA

Oldtimer, Salsa und Casas Particulares: Beim Backpacken in Kuba begegnen sie dir auf Schritt und Tritt. Kuba ist noch nicht lange Backpacking-Reiseziel, deshalb raten dir viele Traveller, jetzt schnell dort hinzufahren, ehe das authentische Kuba verschwindet und US-amerikanische Ketten die Straßen erobern; bevor die letzten Spuren von Fidel Castros sozialistischen Idealen verschwunden sind und die pastellfarbenen Häuser saniert werden; und bevor es keine zwei Währungen mehr gibt: Denn Touristen zahlen mit CUC (Konvertibler Peso), Kubaner mit CUP (Kubanischer Peso). Kuba entwickelt sich so rasant, dass man als Backpacker am liebsten jetzt gleich und in zehn Jahren dann noch einmal hinwill.

10

Havana Club
Havana Club
Havana Club
Santero

P080 347

DAS WUNDERBARE HAVANNA, VIEL BESUNGEN UND IM FILM ROMANTISIERT, IST FÜR DIE MEISTEN BACKPACKER STARTPUNKT IHRER RUNDREISE DURCH KUBA.

HAVANNA

Das wunderbare Havanna, viel besungen und im Film romantisiert, ist für die meisten Backpacker Startpunkt ihrer Rundreise durch Kuba. Flaniere noch vor der größten Mittagshitze über die berühmte kilometerlange Uferpromenade **Malecón**. Imposante Gebäude reihen sich hier aneinander, und schon von Weitem siehst du tolle Oldtimer heranfahren. Oder nimm dir eins der lustigen gelben Cocotaxis und fahr über den Malecón in den Stadtteil Miramar. Bestell dir dort in einer Salsa-Bar oder in einem Straßencafé einen Mojito, einen Cocktail aus Rum, Limetten und Minze, der nirgendwo so gut schmeckt wie in Kuba.

Lass dir auch die abgelegene **Plaza de la Revolución** nicht entgehen, die bis heute Schauplatz politischer Massenkundgebungen ist. An einem normalen Tag fühlst du dich etwas verloren auf der riesigen leeren Fläche, aber das 109 m hohe José-Martí-Denkmal lohnt den Besuch ebenso wie die zwei Gebäudefassaden mit den gigantischen Stahlporträts der beiden Helden der kubanischen Revolution: Che Guevara und Camilo Cienfuegos. Sehenswerte Bauwerke in Havanna sind außerdem die Kathedrale San Cristóbal und das eindrucksvolle Kapitol. Auch hier sieht man tolle Oldtimer. Für weniger als 50 CUC kannst du in einem davon zu einer ein- bis zweistündigen Tour aufbrechen – ein unvergessliches Erlebnis. Tu dich mit anderen Backpackern zusammen, dann ist es gar nicht so teuer!

Highlights sind außerdem das **Museo de Arte Colonial** sowie **La Bodeguita Del Medio**, das kleine Café um die Ecke mit seinen vollgekritzelten Wänden. Street-Art und moderne Kunst findest du in der vom kubanischen Künstler Salvador Gonzalez Escalone gestalteten Straße Callejón de Hamel. Schlendere im Zentrum durch die Arkaden des Gran Teatro de La Habana und den Parque Central gleich gegenüber und geh dann in die schöne Altstadt. Es gibt in **Havana Vieja** prachtvolle Plätze wie die Plaza Vieja, die Plaza de la Catedral, die Plaza de Armas und die Plaza de San Francisco. Achte dort auf die Wandmalereien: Hier siehst du einiges an politischer Street-Art! Geh auch die Flaniermeile Calle Obispo entlang, wo die Regale mancher Läden nur mit einem einzigen Produkt gefüllt sind.

VIÑALES

Von Viñales aus entdeckst du die Natur vom Pferderücken aus und besuchst traditionelle Tabakbauern. Übernachten kannst du bei Privatleuten in Casas Particulares, einer Art Bed & Breakfast, wo du für kurze Zeit am Familienleben teilnimmst, aber auch in Ruhe gelassen wirst, wenn du das

SEHNSUCHTSORT VIELER BACKPACKER IN KUBA IST TRINIDAD.

möchtest. Die offiziellen Casas Particulares sind mit einem blauen Anker auf weißem Grund gekennzeichnet.
Das Valle de Viñales wirkt sehr ländlich, aber erwarte keine grasenden Kuhherden: Hier wechseln sich hohe Karstberge und grüne Palmen mit Tabakfeldern ab, in denen Trockenschuppen für die Tabakblätter stehen. Bei einer Tour triffst du Tabakbauern, die dir gern zeigen, wie eine Zigarre entsteht, und dich das Endprodukt verkosten lassen – ein besonderes, für Kuba typisches Erlebnis. Anschließend schwingst du dich wie ein echter kubanischer Cowboy wieder in den Sattel. In deiner Casa Particular ruhst du dich von dem Ausflug aus, oder du gehst irgendwo essen. Du sprühst immer noch vor Energie? Im Polo Montañez in Viñales kannst du nach Herzenslust Salsa tanzen oder einfach nur Livemusik hören. Nimm deine eigene Flasche Rum-Cola mit, und der Abend ist perfekt. Wenn du noch länger in Viñales bleibst, fahr tags darauf per Roller oder Taxi zum Strand Cayo Jutias.

TRINIDAD

Sehnsuchtsort vieler Backpacker in Kuba ist Trinidad. Sind es die bunten Häuser, die das Herz höher schlagen lassen, die Straßen, in denen an besonders fotogenen Stellen Oldtimer parken, oder die Superpartys? Erkunde das Zentrum, nimm bei einem Local Salsastunden und zeig deine frisch gelernten Moves am Abend auf der Treppe der Casa de la Música. Wenn sich abends die Treppenaufgänge an der Plaza Mayor in eine einzige große Outdoorbar mit toller Livemusik verwandeln, geben die Locals Vollgas. Sie scheuen sich übrigens auch nicht, dich auf die Tanzfläche zu ziehen. Komm also nicht in Flip-Flops! Du kannst gar nicht genug bekommen von den kubanischen Rhythmen? Dann geh noch einen Abend lang feiern in der Höhlendisco Ayala.
Auch die Umgebung hat einiges zu bieten. Eine Radtour ans Meer kann an sonnigen Tagen anstrengend werden, bringt dich aber zum seidenweichen Sandstrand von Ancón. Eine Wanderung durch den Nationalpark **Topes de Collantes** führt dich zu Wasserfällen und grandiosen Viewpoints. Ein heißer Tipp ist auch das grüne Valle de los Ingenios mit seinen Zuckerrohr- und Tabakplantagen.

SANTIAGO DE CUBA

Wer im Juli den kubanischen Karneval erleben will, muss nach Santiago de Cuba: Hier gibt es Straßenumzüge, überall wird Musik gemacht, und auf Schritt und Tritt feiern Kubaner jeden Alters. Aber auch ohne Karneval ist die Stadt etwas Besonderes. Sie ist bekannt für ihre Musik, und wenn du durch den alten Stadtkern bum-

MIRADOR

SDG326

MERCERIA

ALS BACKPACKER KOMMT MAN NICHT UNBEDINGT IN EIN ALL-INCLUSIVE-RESORT, ABER IN KUBA IST DAS KEIN PROBLEM – UND SOGAR BEZAHLBAR.

melst, schallen aus vielen Häusern heiße Rhythmen. Großartige Performances kannst du in der Casa de la Trova erleben. Besuch auch den Parque Céspedes und flaniere durch die umliegenden Straßen, in denen du ein paar schöne Kolonialbauten entdeckst. Auf der Plaza de la Revolución nördlich des Parque Céspedes steht ein imposantes Standbild des Generals Maceo. Das Viertel El Tivoli südwestlich lohnt tagsüber einen Besuch. Steig die steile Treppe Escalinata de Padre Pico hinauf, wirf einen Blick in halb leere Läden und iss einen Happen in einem staatlich geführten Restaurant an der Haupteinkaufsstraße Calle José Antonio Saco – auch eine interessante Erfahrung. Sieh dir zum Schluss noch die schöne Kathedrale Nuestra Señora de la Asunción an.

BARACOA

Nur wenige Backpacker kommen in das Städtchen Baracoa in der Nähe der östlichsten Spitze Kubas. Es ist bekannt für seinen Kakao und seine Schokolade, wundere dich also nicht, wenn du in deiner Casa Particular zum Frühstück wie zum Abendessen ein Glas Kakao bekommst. Im alten Ortskern gibt es sogar eine Casa del Chocolate. Besondere Sehenswürdigkeiten findest du hier nicht, du erlebst genau wie in Viñales einfach nur den normalen kubanischen Alltag. Im nahe gelegenen **Alexander-von-Humboldt-Nationalpark** kannst du schöne Wanderungen unternehmen. Halte Augen und Ohren offen, dann entdeckst du Kolibris und kleine Frösche, genieße das überwältigende Grün, trink unterwegs frisches Kokoswasser, wenn dein Guide dir eine Kokosnuss von einer Palme schlägt, und bestaune Bananenstauden, Avocado- und Mangobäume.

VARADERO

Backpacken in Kuba kann strapaziös sein. Fahrzeiten sind oftmals unkalkulierbar, auf Spanisch zu radebrechen ist anstrengend, und du wärst nicht der Erste, der sich eine Lebensmittelvergiftung holt. Verständlich also, wenn du dich nach drei oder vier Wochen erst mal erholen willst. Varadero ist dafür wie geschaffen. Als Backpacker kommt man nicht unbedingt in ein All-inclusive-Resort, aber in Kuba ist das kein Problem – und sogar bezahlbar. Nachdem du eingecheckt hast, kannst du tagelang am perlweißen Strand faulenzen, vor dir das türkisblaue Meer, hinter dir wehende Palmen – Strafe sieht anders aus. Damit ist Varadero der perfekte Abschluss deines kubanischen Backpacking-Abenteuers.

SEYCHELLEN

Reisedauer	1–2 Wochen
Transport	Schiff, Bus
Budget	€€€€
Flug nach	Mahé
Beste Reisezeit	Mai bis September
Unterkunft	Airbnb, Guesthouse, Resort
Essen	exotische Früchte, kreolisches Curry, Kokoskuchen

Inselhopping AUF DEN SEYCHELLEN

Sieh dir eine Liste der Strandparadiese dieser Welt an – Fidschi, Bora Bora, die Malediven, die Bahamas und die Seychellen stehen mit Sicherheit drauf. Und wenn du obendrein Strandfan bist, hast du sie bestimmt auch auf deiner Bucketlist. Nur kommen leider nicht alle als Backpacking-Ziel infrage: Entweder sie liegen auf der anderen Seite der Erde, und allein das Flugticket sprengt dein Budget, oder du brauchst vor Ort ein sehr dickes Portemonnaie. Mit den Seychellen verhält es sich anders. Sie liegen in Afrika, nördlich von Madagaskar, und wenn du es geschickt anstellst, kommst du recht günstig dorthin. Auch das Leben auf den wunderschönen Inseln des Archipels muss nicht teuer sein. Backpacker-tauglich sind vor allem die Hauptinseln Mahé, Praslin und La Digue: Du übernachtest dort in Airbnbs. Fahrrad, Fähre oder Bus bringen dich von A nach B, und du kannst günstig essen gehen. Die Seychellen sind nicht nur ein Backpacking-Ziel, sie werden auch von immer mehr anderen Touristen aus Europa entdeckt.

20

BEI DEN SEYCHELLEN DENKST DU WAHRSCHEINLICH EHER AN TIEFBLAUES MEER ALS AN SATTGRÜNEN REGENWALD.

MAHÉ

90 Prozent der Seychellois leben auf der größten Insel mit der Hauptstadt Victoria und einem internationalen Flughafen. Im kleinen Victoria kannst du dir einen Eindruck vom Alltagsleben der multi-ethnischen Inselbewohner verschaffen, von denen die meisten Seychellenkreol sprechen. Verbring einen Vormittag auf dem quirligen Markt im Zentrum, besichtige den knallbunten Tempel **Arul Mihu Navasakhti Vinayagar** und bewundere den Victoria Clock Tower, der dem Londoner Big Ben verdächtig ähnlich sieht. Die Highlights liegen jedoch außerhalb der Stadt, und man muss sagen, dass sie nicht zum Schönsten gehören, was die Seychellen zu bieten haben. Bleib also nicht auf Mahé hängen, auch wenn es die billigste Option ist, sondern fahr nach ein paar Tagen weiter nach Praslin oder La Digue.

Vor allem im südlichen Mahé gibt es viele traumhafte Strände. Herrlich schwimmen und schnorcheln kannst du z. B. in der **Anse Soleil**. Besuche aber auch die Baie Lazare, die Anse Intendance, die Police Bay, die **Anse Marie-Louise**, die **Anse Forbans** und die **Anse Baleine** mit der kleinen Strandbar Surfer's Beach. In der lang gestreckten, malerischen **Anse Intendance** kannst du wandern, auf Palmen klettern und in der richtigen Jahreszeit sogar Schildkröten bei der Eiablage oder die Babys beim Schlüpfen beobachten! Für einen Tag Strandhopping mietest du dir am besten ein Auto, aber mit dem Bus geht es ebenso gut.

Eine Badebucht darfst du dir auf keinen Fall entgehen lassen: die paradiesische **Anse Major** im Norden. Sie ist von Danzil aus nur zu Fuß erreichbar, aber den Weg dorthin wirst du nicht so schnell vergessen: Etwa eine Stunde geht es an schroffen Kliffen entlang – ein paar ordentliche Adrenalinkicks inklusive! Am Ziel belohnen dich ein perfekter Sandstrand und türkisblaues Wasser. Hierher kommen vor allem Einheimische und eine Handvoll andere abenteuerlustige Backpacker. Vergiss nicht dein Schnorchel-Set und eine wasserdichte Kamera!

Bei den Seychellen denkst du wahrscheinlich eher an tiefblaues Meer als an sattgrünen Regenwald, der zu coolen Hikes einlädt. Aber auch das gibt es auf Mahé: Rund 20 Prozent der Insel gehören zum **Morne-Seychellois-Nationalpark**, durch den verschiedene Trails führen, z. B. der zweistündige Copolia Trail oder – für Fortgeschrittene – der Weg auf den 905 m hohen Morne Seychellois, die höchste Erhebung der Seychellen.

Kein Bedarf an strapaziösen Touren? Fantastische Viewpoints findest du auch entlang der Straße, z. B. an der **Mission Lodge** und an der **La Louise Road.** Von

IN DAS INSELLEBEN AUF LA DIGUE MUSS MAN SICH EINFACH VERLIEBEN. JEDER IST HIER MIT DEM FAHRRAD UNTERWEGS, UND DAS GEFÄHRLICHSTE VERKEHRSHINDERNIS IST EINE RIESENSCHILDKRÖTE.

dort blickst du auf Victoria und auf Eden Island hinunter, eine künstliche Insel voller Luxusvillen im hellblauen Meer.

PRASLIN

Fürs Inselhopping sind die 115 Inseln der Seychellen wie geschaffen. Von Mahé kommst du per Fähre oder Flugzeug relativ günstig nach Praslin – zweitgrößte Insel des Archipels. Inlandsflüge bietet vor allem Air Seychelles an, bekannte Fährdienste sind Cat Cocos und Inter Island Ferry. Die Fähren bringen dich von Mahé auch direkt nach La Digue oder von Praslin nach La Digue und wieder zurück.
Du spürst sofort, dass es auf Praslin ruhiger und relaxter zugeht als auf Mahé. Jeder scheint hier an den schönen Stränden zu chillen oder durch den Dschungel zu spazieren. Ein Bilderbuchstrand ist die **Anse Lazio**, die es schon mehr als ein Mal auf die Liste der Top 10 der Welt geschafft hat. Überhängende Palmen spenden im weißen Sand Schatten, und aus dem Meer ragen gigantische rostrote Felsblöcke. Hier können dir Riesenschildkröten begegnen! In der **Anse Volbert** an der Côte-d'Or findest du nicht nur goldgelben Strand, sondern auch mehrere Hotels, Restaurants und Foodtrucks. Hier kannst du gut übernachten und budgettauglich essen, und ein Boot bringt dich zur wenige Minuten entfernten Felseninsel St. Pierre.
Andere schöne Strände auf Praslin sind die Anse Consolation, die Anse Kerlan, die **Anse Marie-Louise** und die Anse Georgette. Sehnsucht nach deiner eigenen einsamen Insel? Da bietet sich die wenig besuchte **Anse La Blague** an. Doch an all diesen Stränden schwebst du buchstäblich von einem Tropentraum zum anderen. Sowohl La Digue als auch Praslin sind Taucherparadiese. Du kannst natürlich eine Tauchtour buchen – an der leider oft ein nicht allzu Backpacker-freundliches Preisschildchen hängt –, du kannst die Unterwasserwelt aber auch auf eigene Faust erkunden. Nimm unbedingt Schnorchelsachen mit, wenn du die Seychellen für wenig Geld entdecken willst!
Ein Traum ist auf Praslin auch das **Vallée de Mai** – Nationalpark und UNESCO-Weltnaturerbe. So was wie hier findest du nirgends sonst auf der Welt. Der offizielle Teil kostet Eintritt, aber es gibt versteckte Wege, die du auch gratis gehen kannst. Was das Vallée de Mai so einzigartig macht? Der jahrhundertealte Palmenwald und die sexy Coco de Mer, die Meereskokosnuss und größte Nuss der Welt. Sie wächst nur auf den Seychellen und hat die Form eines Frauenschoßes. Die größte bisher gefundene war über 60 cm lang und 23 kg schwer. Bis zur Erntereife dauert es Jahre. Nimm dir einen Nachmittag Zeit für den Nationalpark und halte auf deiner

Wanderung nicht nur nach Meereskokosnüssen Ausschau, sondern auch nach winzigen Fröschen und großen Schneckenhäusern. Besuche auch das weniger bekannte Naturreservat Fond Ferdinand nahe der Anse Marie-Louise. Der hoch gelegene Aussichtspunkt dort eröffnet einen wunderschönen Rundblick über die Insel.

LA DIGUE

In das Inselleben auf La Digue muss man sich einfach verlieben. Jeder ist hier mit dem Fahrrad unterwegs, das gefährlichste Verkehrshindernis ist eine Riesenschildkröte. Und sämtliche Radwege enden an einem atemberaubend schönen Strand!
Auf La Digue erlebst du das perfekte Inselfeeling. Das Einzige, was du hier brauchst, sind ein paar Euro, um einen Beachcruiser zu mieten, um dir eine frische Kokosnuss zu kaufen und ein paarmal in einem charmanten Airbnb zu übernachten. Auch eine Fahrradlampe ist kein unnötiger Luxus, denn Straßenlaternen gibt es hier nicht. Das hat den Vorteil, dass man den Sternenhimmel umso besser sieht.
Die **Anse Source d'Argent** wurde schon mehr als ein Mal zum schönsten Strand der Welt gekürt. Das Meer schimmert in tausend Blautönen, Granitfelsen am Strand erinnern an Dinosaurier, hinter denen sich immer noch schönere Ausblicke auftun! Für 115 Seychellen-Rupien kannst du dieses traumhafte Bild einen ganzen Tag lang betrachten. Das Ticket brauchst du, weil der Weg zum Strand durch den Park

DAS MEER SCHIMMERT IN TAUSEND BLAUTÖNEN, GRANITFELSEN AM STRAND ERINNERN AN DINOSAURIER, HINTER DENEN SICH IMMER NOCH SCHÖNERE AUSBLICKE AUFTUN!

L'Union Estate führt, aber es lohnt sich: Auf der einstigen Plantage siehst du Palmen, Vanillepflanzen und Dutzende Schildkröten. Besuche die Anse Source d'Argent möglichst früh am Morgen, wenn noch niemand seine Fußabdrücke im blendend weißen Sand hinterlassen hat. Später stürmen die Massen das Paradies, und du fährst besser ins Zentrum zurück, wo du in einem der Restaurants auch viel preiswerter essen kannst. Sieh nur zu, dass du vor Sonnenuntergang wieder am Strand bist. Dann ist es ruhiger, und auch die Gezeiten und die Farben haben sich verändert.
Der Sand färbt sich goldgelb, und die grauen Felsen sind in warme Glut getaucht. Nirgends sonst auf den Seychellen ist die goldene Stunde so schön wie hier.
Wenn du ein Fahrrad gemietet hast, gehört La Digue dir, und du kannst in wenigen Tagen die ganze Insel erkunden. Fahr nach Süden und stell deinen Beachcruiser einfach an der **Grand Anse** ab – abzuschließen brauchst du ihn hier nicht. An diesem fantastischen, manchmal aber recht windigen Strand beginnt einer der coolsten Wanderwege über die Insel: Durch ein Stück unberührte Natur führt er zur abgelegenen **Anse Coco** und zur gut versteckten **Petite Anse**. An allen drei Stränden findest du türkisblaues Wasser, wehende Palmwedel und die für die Seychellen so typischen majestätischen Granitfelsen. Pause gefällig? Dann lass dir an einer Strandbar für ein paar Seychellen-Rupien eine herrlich erfrischende Kokosnuss aufschlagen.
Ein weiteres Highlight, das du auf La Digue nicht verpassen solltest, ist die **Anse Patates**, ein Ministrand am nördlichsten Punkt der Insel. Wenn du nicht aufpasst, fährst du leicht daran vorbei, denn die Straße verläuft etwas erhöht.
Ein Stück weiter geht es zur **Anse Fourmis**, wo du gefühlt am Ende der Insel angelangt bist. Wundere dich nicht, wenn dir unterwegs eine wilde Schildkröte über den Weg läuft, und mach auf der Rückfahrt noch kurz an der **Anse Sévère** halt. Der lange Strand ist genau das Richtige zum Chillen, Schwimmen und Sonnen.

Lust auf mehr Inselhopping?

Es gibt auf den Seychellen noch mehr Inseln, die du besuchen kannst, Fahrt und Übernachtung sind aber oft teuer. Viele Backpacker buchen deshalb Tagestouren etwa zu den Inseln Cousine und St. Pierre oder zum Meeresnationalpark Sainte-Anne. Auch Bird Island, Cerf Island, Silhouette Island und Curieuse Island werden auf so einer Tour angelaufen. Bei kleinem Budget hältst du dich besser an die drei Hauptinseln. Hier finden sich viele der schönsten Fleckchen auf den Seychellen, und deine Backpacking-Reise wird auch so zu einem unvergesslichen Erlebnis.

JAPAN

Reisedauer	2 Wochen
Transport	Zug, Bus
Budget	€€€€€
Flug nach	Tokio
Beste Reisezeit	April bis Oktober
Unterkunft	Ryokan, Cube Hotel, Hostel
Essen	Sushi

Kyoto
Osaka
Tokio

Faszinierendes JAPAN

Backpacking in Japan führt dich in die futuristische Metropole Tokio, in die Tempelstadt Kyoto, wo dir bezaubernde Geishas begegnen, und in das überwältigende, pulsierende Osaka. Technologisch scheint Japan dem Rest der Welt immer zwei Schritte voraus zu sein, aber nicht nur für Tech-Fans, sondern auch für Sushi-Junkies ist das Land ein Mekka. Superleckeres Sushi bekommst du überall – im Supermarkt, in traditionellen kleinen Restaurants, in den billigeren Sushi-Train-Restaurants, wo die Teller auf einem Laufband angefahren kommen. Die japanische Kultur ist unglaublich faszinierend, eine Kultur der Gegensätze und der speziellen Gewohnheiten. Du siehst Geschäftsleute, die rund um die Uhr in der Tretmühle stecken und gern mal ein gutes Glas Sake trinken, du siehst aber auch die Harajuku-Girls in ihren verrückten Outfits, die das Straßenbild in Shinjuku beherrschen. Backpacking in Japan ist auch deshalb etwas Besonderes, weil so wenige Japaner Englisch sprechen. Selbst mit Händen und Füßen und Google Translate ist die Kommunikation eine Herausforderung.

21

清酒之精華
松竹梅
寳酒造株式会社醸
梅
商標
芳醇清酒
登録 芳醇清酒
副将軍
酒は天下の

CHAOTISCH, VOLLER ÜBERRASCHUNGEN UND GESPICKT MIT SPEKTAKULÄREN TEMPELN, BESONDEREN VIERTELN UND GUTEN RESTAURANTS: DAS IST TOKIO.

Ist Backpacking in Japan teuer?
Viele Backpacker halten Japan für unbezahlbar, aber mit ein paar praktischen Tipps kannst du auf deiner Reise einiges sparen. Fertig-Sushi aus dem Supermarkt ist wesentlich billiger als Sushi im Restaurant. Übernachtung ohne Frühstück? Hol dir für wenig Geld etwas aus dem 7-Eleven-Laden um die Ecke. Von A nach B kommst du am günstigsten per Bus oder mit dem Japan-Rail-Pass. Allerdings ist die Fahrt mit dem teureren Shinkansen-Hochgeschwindigkeitszug, der locker 300 km/h macht, ein echtes Erlebnis. Budgettauglich übernachten kannst du in einem Cube Hotel: Stell dir einen langen Gang zwischen Reihen von Schlafkojen für jeweils eine Person vor. Es gibt aber auch jede Menge normale Hostels mit Stockbetten in Dorms. Eine Nacht in einem Ryokan kostet etwas mehr, ist aber zu empfehlen, weil du hier etwas von der authentischen japanischen Kultur mitbekommst.

TOKIO

Chaotisch, voller Überraschungen und gespickt mit spektakulären Tempeln, besonderen Vierteln und guten Restaurants: Das ist Tokio, das Herz Japans und Startpunkt deiner Backpacking-Tour. Den **Sensō-ji**, den ältesten und berühmtesten Tempel der Stadt, den **Zōjō-ji** mit seinen vielen Jizō-Statuen und den Meiji-Schrein solltest du dir unbedingt ansehen. Es ist eigenartig, sich inmitten von Japanern durch die Nakamise-dori Schritt für Schritt auf den Sensō-ji zuzubewegen.
Für Nervenkitzel ist gesorgt, wenn du die berühmte **Shibuya Crossing** überquerst: Hier an der belebtesten Kreuzung der Welt schlägt der Puls der Stadt. Manchmal sind hier 1000 Menschen gleichzeitig unterwegs. Einen sensationellen Blick auf Tokio hast du vom orangefarbenen Tokyo **Tower** oder vom Fuji Television Building auf Odaiba.
Zwei Stadtteile gehörten zum Pflichtprogramm: **Harajuku** und **Akihabara**. In Harajuku kannst du dich gar nicht sattsehen an den Jugendlichen in ihren ultraschrägen Outfits – von Gothic Lolita bis Visual Kei –, die sich hier jedes Wochenende versammeln. Akihabara mit seinen Elektronikshops und Spielhallen ist Tokios Gaminghochburg: Sega, Manga und Nintendo beherrschen die Straßen, Gadget-Freaks und Nerds finden hier alles, wovon sie je geträumt haben. Nerds werden in Japan übrigens *otaku* – Außenseiter – genannt. Akihabara ist auch der perfekte Ort, um in einem der sogenannten Maid- und Mangacafés etwas zu trinken.
Wenn dir all das verrückte Chaos zu viel wird, such Zuflucht im **Ueno-Park**. Hier ist der ganze Trubel weit weg, und du kannst mit einem Schwanenboot gemächlich über

EINER DER SCHÖNSTEN SHINTŌ-SCHREINE IN KYOTO IST DER FUSHIMI INARI-TAISHA MIT SEINEN UNZÄHLIGEN ORANGEROTEN TORII-TOREN.

den Shinobazu-Teich schippern. Verschiedene Museen und einen Tierpark mit Pandas gibt es hier auch. Ein Top-Tipp ist der Tsukiji-Fischmarkt, auf dem zwischen 5 und 7 Uhr morgens der frische Fang versteigert wird. Ruhig ist es dort dann aber nicht.

KYOTO

In diese Stadt kann man sich Hals über Kopf verlieben. Sie hat die schönsten Tempel Japans, und im berühmten Viertel **Gion** hast du auf deiner Tour die besten Chancen, eine Geisha zu sehen. Einer der sehenswertesten, ältesten und beliebtesten Shintō-Schreine in Kyoto ist der **Fushimi Inari-Taisha** mit seinen unzähligen orangeroten Torii-Toren, jedes einzelne von Firmen oder Privatleuten gestiftet.

Den besten Blick auf Kyoto hast du vom **Kiyomizu-dera**. Die Besichtigung kostet Eintritt, die Aussicht ist gratis. Der Tempel steht auf einem Berg, aber du kannst dir den Aufstieg versüßen: Der Weg führt an allerhand Läden mit japanischen Leckereien vorbei.

Sehr eindrucksvoll ist auch ein Gang durch den **Bambuswald** von **Arashiyama** – ein Stück Natur, das man so dicht an einer Großstadt gar nicht erwartet. Du fährst mit dem Zug bis zum Bahnhof Arashiyama. Nicht weit entfernt geht es auf gewundenen Pfaden in den Wald. So orangerot die Torii am Fushimi Inari-Taisha, so grün sind die mächtigen Bambushalme, die hier links und rechts in den Himmel ragen. Ein leckerer Snack unterwegs: Softeis, das nach grünem Tee schmeckt.

In Kyotos Farbpalette ist sogar Gold vertreten, nämlich am riesigen **Goldenen Pavillon** in der Kinkaku-ji-Tempelanlage offiziell Rokuon-ji, am Ufer eines Teichs inmitten eines grünen Waldes, der sich im Herbst tiefrot und ockergelb färbt. Der Pavillon sieht aus, als würde er auf dem Wasser schwimmen. Besichtigen darf man ihn leider nicht, weil darin Buddhareliquien aufbewahrt werden, aber die mit reinem Blattgold überzogene Außenseite ist prächtig anzusehen.

Auch essen kann man in Kyoto ausgezeichnet. Teste deine Geschmackspapillen z. B. auf dem überdachten **Nishiki-Markt**, an dessen zahllosen Ständen die fremdartigsten Köstlichkeiten angeboten werden: japanische Süßigkeiten, Baby-Oktopusse am Spieß, grüner Tee, frisch gebackene Reiskuchen, Sushi, luftige Reiscracker und vieles mehr. Ganz in der Nähe gibt es schöne Guesthouses und Hostels, darunter das Khaosan. In manchen Hostels hast du die Möglichkeit, mit Einheimischen in Kontakt zu kommen: Dort werden Abende organisiert, an denen du mit japanischen Studenten Englisch üben kannst. Du kannst auch einen Origa-

納

つぼらや
コナモンミュージアム
づぼらや
ジャンカラ
サイゼリヤ
ZAZA
25
290
王道居酒
200種類から
驚きの290円
らーめん
創業47年
ただ
待ち時
の店

OSAKA IST EIN FARBENMEER. DAS STRASSENBILD IST VON GIGANTISCHEN LEUCHTREKLAMEN GEPRÄGT – AM SPEKTAKULÄRSTEN IN DŌTONBORI IM STADTTEIL NAMBA.

mikurs belegen und deinen eigenen Kranich falten oder zusammen mit anderen Backpackern eine Stadtführung buchen.

OSAKA

Am schönsten ist Osaka im Frühling während der Sakura (s. u.), der Kirschblüte. Scharen von Japanern bevölkern dann die Parks und breiten auf jedem freien Fleckchen ihre Picknickdecken aus. Mach unbedingt einen Spaziergang im Burgpark und sieh dir die schneeweiße **Burg Ōsaka** mit ihren pastellgrünen Dächern und goldenen Verzierungen an.
Osaka ist ein Farbenmeer. Das Straßenbild ist von gigantischen Leuchtreklamen geprägt – am spektakulärsten im Ausgehviertel Dōtonbori im Stadtteil Namba: Blinkende Riesenkrabben, der Glico Man und überdimensionierte Kugelfische schmücken hier die Fassaden. Man kann in Osaka übrigens auch gut shoppen, allerdings herrscht in den langen Einkaufsstraßen ein ziemliches Gewühl. Verlass den Bienenstock am Abend und geh in eine Karaokebar, die findest du an jeder Ecke.

SAKURA

Die beste Zeit für eine Backpacking-Tour durch Japan ist der Herbst oder aber der Frühling, wenn die Kirschblüten das ganze Land rosa färben. Die Japaner zelebrieren ihre Sakura, sie haben sogar ein eigenes Wort dafür: *hanami*, was so viel bedeutet wie »Blüten betrachten«. Sie ziehen in Scharen in die Parks, lassen beim Picknick die Blütenblätter sanft auf sich herabrieseln und machen Selfies.
Im Herbst färben sich die Bäume ockergelb, blutrot, kürbisorange und goldbraun mit einem Schuss Grün. Der Goldene Pavillon z. B. ist dann von dieser Farbexplosion eingerahmt, und die Parks wirken noch märchenhafter als sonst. Im Herbst und im Frühling zeigt sich Japan von seiner schönsten Seite, nur muss man all die Schönheit mit unzähligen Locals und anderen Travellern teilen. Du solltest dein Backpacking-Abenteuer deshalb frühzeitig planen, sonst sind alle Hostels schon ausgebucht.

Mehr von Japan sehen

Du möchtest mehr von Japan sehen? Dann nimm auch noch Hiroshima, Okinawa, den **Fuji**, Nara oder Kanazawa in deine Reiseroute auf. **Hiroshima** hat durch den Abwurf der Atombombe gegen Ende des Zweiten Weltkriegs traurige Berühmtheit erlangt. Besuche dort das **Friedensdenkmal**, die Burg und den **Itsukushima-Schrein** auf der Insel **Miyajima**. Wenn dir eher nach Sonne und Meer ist: Die Strände von **Okinawa** sind die schönsten in Japan. Hiker besteigen den Fuji, und in der Stadt **Nara** triffst du auf Hunderte zahme Hirsche.

MEXIKO

Reisedauer	3–4 Wochen
Transport	Bus
Budget	€€€
Flug nach	Cancún
Beste Reisezeit	Oktober bis Mai
Unterkunft	Hostel, Hotel
Essen und Trinken	Guacamole, Tortillas, Tequila

Viva MEXIKO

In Mexiko findest du den idealen Mix aus Traumstränden, üppigem Dschungel und Backpacker-Partyszene, spannenden historischen Plätzen, tollen Schnorchelspots und eindrucksvollen Höhlen. Diese sogenannten Cenoten beherbergen unterirdische Seen, in denen du schwimmen kannst. Yucatán hat Tausende davon! Auch die grandiosen Mayatempel und das Weltwunder Chichén Itzá machen Mexiko zu einem Land, das man nur zu gern erkundet. Genieße das himmlische Essen und lösch deinen Durst mit einem erfrischenden Bier oder einem Tequila. Dazu noch ein paar heiße Partynächte mit deinen neuen Backpacker-Freunden, und du verstehst umso besser, warum Mexiko das perfekte Backpacking-Ziel ist. Ausruhen kannst du dich dann an einem der vielen paradiesischen Strände.

DIE FRÖHLICHE KLEINSTADT VALLADOLID IST DIE IDEALE AUSGANGSBASIS FÜR EINEN BESUCH DES WELTWUNDERS CHICHÉN ITZÁ.

CANCÚN

Sonne, Meer und Strand – viele Backpacking-Reisen durch Mexiko beginnen hier, auch weil es nach Cancún günstige Flüge gibt. Erhol dich vom Jetlag, genieß das blau glitzernde Meer und mach dich dann auf den Weg.

ISLA MUJERES

Die Fähre bringt dich in einer Stunde auf eine echte Trauminsel, die Isla Mujeres vor Cancún. Geh vom Hafen direkt zum Pac-Na, ein cooleres Hostel wirst du hier nicht finden. Dort gibt es Livemusik, abends steigen Beachpartys, und du lernst jede Menge andere Backpacker kennen. Tagsüber kannst du in einer Hängematte chillen, eine Yogastunde buchen, Beachvolleyball spielen oder im endlos blauen Meer schwimmen. Du musst zwar weit hinauslaufen, bis das Wasser tiefer wird, doch der Blick auf die palmenübersäte Insel wird dabei immer schöner. Wenn du mehr davon sehen möchtest, leih dir ein Fahrrad und kurve durch die Gässchen im Zentrum mit ihren leuchtend bunten Häusern, den kleinen Läden und netten Restaurants. (Am besten schmeckt es aber in den einfachen Garküchen, in denen auch die Locals gern essen.) Du kannst nicht genug kriegen vom herrlichen Inselleben? Dann setz über zur autofreien **Isla Holbox** ein Stück weiter nördlich. Auf dieser Tropeninsel kannst du wilde Flamingos sehen, Street-Art bewundern, in Beachbars relaxen und mit meterlangen Walhaien oder schnuckeligen Schildkröten schnorcheln.

VALLADOLID und CHICHÉN ITZÁ

Die fröhliche Kleinstadt Valladolid ist die ideale Ausgangsbasis für den Besuch des Weltwunders Chichén Itzá mit der viel fotografierten **Pyramide des Kukulcán**. Steig früh in den Bus – du musst dir das UNESCO-Weltkulturerbe mit umso mehr Touristen teilen, je später du unterwegs bist. Nimm dir dort unbedingt ein paar Stunden Zeit. Anschließend eine Abkühlung gefällig? Spaziere zum nahe gelegenen Cenote Ik Kil – einer große Karsthöhle, in der du herrlich schwimmen kannst. Wenn du noch mehr Mayaruinen sehen willst, fahr nach Ek Balam.

VALLADOLID

Auch Valladolid selbst lohnt einen Besuch. Am Rand eines Parks mitten in der Stadt steht die schöne **Iglesia de San Servacio**. Bunte Kolonialbauten säumen die Straßen, in den Restaurants bekommst du köstliche Tortillas und Fajitas, und die Locals plaudern gern ein bisschen mit dir. Wird dir zu warm? Dann nimm ein kühles Bad im **Cenote Zaci**, den du vom Zentrum zu Fuß erreichst. Am Zugang wirst du dir kaum

IM BUNTEN MÉRIDA KANNST DU TIEF INS ALLTAGSLEBEN DER MEXIKANER EINTAUCHEN.

vorstellen können, dass sich dort drin ein natürlicher Pool befindet. Von oben hängen Lianen herab, an denen du dich ins türkisblaue Wasser schwingen kannst. Ganz in der Nähe findest du auch die Cenoten Samulá, Xkeken und Suytun.

LAS COLORADAS

Und noch eine große Überraschung wartet in Yucatáns erstaunlicher Natur auf dich: Gut zwei Fahrstunden nördlich von Valladolid liegt das Fischerdorf Las Coloradas. Unweit davon, bei Río Lagartos, kannst du Flamingos und Schildkröten beobachten, aber nicht ihretwegen bist du hier, sondern wegen der leuchtend rosafarbenen Salzseen. Die Farbe entsteht durch die hohe Konzentration von Algen, Mikroorganismen und Salzwasserkrebsen, die den Farbstoff Beta-Carotin produzieren.

MÉRIDA

In Mérida, der bunten, wunderbar lebendigen Hauptstadt des Bundesstaats Yucatán, kannst du tief ins Alltagsleben der Mexikaner eintauchen. Hier gibt es sehenswerte Kirchen, Kolonialbauten und Museen, in der Umgebung des zentralen Platzes finden abends oft Feste statt, und in den netten Lokalen im Stadtzentrum stehen die leckersten Nachos und Burritos auf der Speisekarte. Wenn du in Mérida alles gesehen hast, bietet sich ein Tagestrip zur Mayastadt **Uxmal** an. Die Ruinen sind zwar nicht so bekannt wie Chichén Itzá, aber mindestens genauso eindrucksvoll, vor allem die Pyramide des Zauberers. Außerdem liegt der Komplex umgeben von Regenwald viel schöner als Chichén Itzá in der trockenen Ebene. Du kannst auch für einen Tag in die gelbe Stadt **Izamal** fahren, in der alle Gebäude goldgelb gestrichen sind.

Día de los Muertos

Wenn du Anfang November nach Mérida kommst, erwartet dich ein ganz besonderes Erlebnis. Jedes Jahr am 1. November begehen die Mexikaner zu Ehren ihrer Verstorbenen den Tag der Toten, Día de los Muertos oder auch Hanal Pixán genannt. Als Gerippe verkleidet ziehen sie durch die Straßen, feiern mit ihren Umzügen und Prunkwagen aber gleichermaßen das Leben. Und nicht nur in Mérida! Mitfeiern kannst du als Backpacker am allerbesten im etwas abseits gelegenen Oaxaca.

PALENQUE

In Palenque gibt der Dschungel den Ton an. Eine der Ruinen – der **Tempel der Inschriften** – hat es mal auf den Einband des Lonely Planet geschafft, und das sagt schon alles. Die Mayastadt liegt versteckt im Urwald, sodass du hier auch schöne Hikes machen kannst: vorbei an Baum-

REFACCIONA
LAGER

riesen mit gigantischen Wurzeln und einem spektakulären Wasserfall, an dem man über eine Hängebrücke entlanggehen kann.

SAN CRISTÓBAL DE LAS CASAS

Im bezaubernden San Cristóbal de las Casas im Bundesstaat Chiapas herrscht eine ganz andere Atmosphäre. Die Stadt wirkt sehr untouristisch, weil hier zahlreiche Locals aus den umliegenden Mayadörfern in farbenfrohen traditionellen Trachten zusammenkommen. Auch die Temperatur ist anders. Der Ort liegt in den Bergen, es ist angenehm frisch, und du bist die drückende Hitze für eine Weile los. In San Cristóbal kannst du deine Tage damit verbringen, die prächtigen Kirchen zu besichtigen, durch die pastellfarbenen Straßen zu flanieren und endlos auf dem riesigen Mayamarkt zu shoppen, auf dem die Landbewohner ihre wunderbaren Waren feilbieten. Die schönste Straße ist die **Avenida 20 de Noviembre** mit ihren vielen Restaurants und Geschäften. In den Cafés kannst du Kakaoprodukte aus der Region verkosten oder Chiapas-Kaffee trinken. Einen schönen Blick über die Stadt hast du, wenn du die Treppe zur **Iglesia de Guadalupe** hinaufsteigst. Auch die rot-gelbe Kathedrale an der Plaza 31 de Marzo und die Kirche Santo Domingo am Mayamarkt sind einen Besuch wert. Für super Backpacker-Feeling bist du in San Cristóbal de las Casas genau richtig. In den vielen Hostels lernst du schnell

TULUM HAT HIPPIEFLAIR UND EINEN COOLEN BACKPACKER-VIBE. MAN SCHLÄFT IN STRANDHÜTTEN ODER ZELTEN.

neue Leute kennen, und in den kleinen Bars kannst du die Nacht durchtanzen. Viele Hostels organisieren Ausflüge z. B. in die Mayadörfer **Chamula** und **Zinacantan** oder Bootstouren durch den **Cañón del Sumidero**, wo du nach Wildtieren Ausschau halten kannst. Die Tour führt an einem Wasserfall vorbei, der wie ein Weihnachtsbaum aussieht.

Lagune von BACALAR

Dieser Süßwassersee schimmert in allen Blautönen, die du dir nur vorstellen kannst. Das nicht nur unfassbar blaue, sondern auch kristallklare Wasser erinnert an die schönsten Traumstrände unseres Planeten. Der Name des Sees ist Programm: Laguna de los Siete Colores – Lagune der sieben Farben. Buche eine Segeltour oder miete ein Kajak und paddle auf eigene Faust drauflos. Den See auf dem Fahrrad zu umrunden macht ebenfalls Spaß. Fahr zum großen Cenote Azul und geh in Los Cocalitos schwimmen.

TULUM

Tulum ist eine Mayafundstätte mit sehr schönen Ruinen – nicht so groß wie Chichén Itzá, dafür aber direkt am Meer gelegen. Halte bei den Felsen die Augen auf, vielleicht entdeckst du einen Leguan. An einem kleinen Sandstrand unterhalb der Ruinen kannst du baden.

Die Ortschaft Tulum hat Hippieflair und einen coolen Backpacker-Vibe. Im Zentrum gibt es relaxte Hostels, oder man schläft in Strandhütten oder Zelten. Am kilometerlangen, seidenweichen Sandstrand spenden Palmen Schatten. In den coolen Beachclubs bleibst du gern länger als geplant, vor allem wenn du dir eine Portion Tortilla-Chips mit Guacamole und dazu ein kühles Corona- oder Sol-Bier bestellst.

Um Tulum herum

Von Tulum kannst du zu verschiedenen Cenoten radeln, z. B. zum **Gran Cenote**, in dem man schön schnorcheln kann. Fahr früh los, wenn du hier allein sein willst. Zu empfehlen sind auch die Cenoten Crystal und Zazil. Etwas weiter entfernt liegt Akumal, der ideale Strandspot zum Schnorcheln inmitten von Meeresschildkröten.

PLAYA DEL CARMEN

Der Küstenort Playa del Carmen ist zwar touristisch geprägt, rundet dein Backpacking-Abenteuer aber perfekt ab, denn von hier ist es nicht mehr weit zum Flughafen in Cancún. Genieße das Strandleben, zische noch ein paar kühle Corona-Bierchen und geh abends rund um die Quinta Avenida feiern. Auch wenn es hoch hergeht – ein entspannter Abschluss!

INDONESIEN

Reisedauer	4 Wochen
Transport	Bus, Zug, Schiff, Roller
Budget	€€
Flug nach	Jakarta, Denpasar
Beste Reisezeit	Mai bis November
Unterkunft	Bambushütte, Guesthouse
Essen und Trinken	Gado-Gado, Bananen-Pancakes, Smoothie-Bowls

SUMATRA
BORNEO
Java
Gili-Inseln
Bali
Lombok
Nusa-Inseln

Unvergessliches INDONESIEN

Indonesien ist eins der beliebtesten Backpacking-Länder in Südostasien. Das Reisen ist günstig, das Essen superlecker, und an den Surfspots findest du im Nu neue Backpacker-Freunde. Es gibt viele Yogaretreats und überhaupt jede Menge hippe Hotspots. Die ultimative Backpacker-Insel ist natürlich Bali, aber auch ein Hike auf den Vulkan Bromo auf Java ist ein unvergessliches Erlebnis, genau wie der Besuch der Gili-Inseln westlich von Lombok oder der Nusa-Inseln südöstlich von Bali. Wer zum ersten Mal als Backpacker nach Indonesien kommt, hat die Qual der Wahl zwischen den 17 508 Inseln des Landes; die häufigste Route führt jedoch über Java, Bali und Lombok. In vier Wochen kannst du enorm viel sehen, trotzdem wirst du wahrscheinlich viel länger bleiben und mehr entdecken wollen.

DEN SONNENAUF- UND -UNTERGANG AM BOROBUDUR WIRST DU NIE MEHR VERGESSEN.

JAVA

Die Hauptstadt **Jakarta** ist nicht sehr einladend. Fahr per Bus oder Bahn gleich weiter nach **Bandung,** sieh dir dort die berühmten Art-déco-Gebäude aus der niederländischen Kolonialzeit an und lass die Natur in der Umgebung auf dich wirken. Mach einen Tagestrip zum Vulkan **Tangkuban Perahu** und steig so hoch hinauf, dass du über den Kraterrand schauen kannst. Auch der Vulkan Mount Patuha lohnt einen Besuch, besonders der überirdisch blaue Kratersee **Kawah Putih** mit seinen mystischen Schwefeldämpfen. Weitere Highlights rund um Bandung sind die Malabar-Teeplantagen und das traditionelle Dorf Kampung Naga. Nächster Halt ist das stimmungsvolle **Yogyakarta**, die kulturelle Hauptstadt Javas. Entlang der Straße Jalan Malioboro bekommst du die schönsten Souvenirs: Batiktücher, bunte Bilder, reich verzierte Opferkörbe und vieles mehr. Yogyakarta ist auch die perfekte Ausgangsbasis für die Besichtigung von Prambanan und Borobudur. Die hinduistische Tempelanlage **Prambanan** besteht aus etlichen hohen, spitzen, mit Reliefs geschmückten Schreinen. Den Sonnenauf- und -untergang am **Borobudur** wirst du nie mehr vergessen: Diese buddhistische Tempelanlage umfasst neun Stockwerke und Dutzende Stupas, in denen sich Buddhastatuen verbergen. Wer es schafft, eine von ihnen zu berühren, so die Legende, dem bleibt das Glück ein Leben lang treu. Du weißt also, was du zu tun hast. Der Vulkan **Bromo** liegt tiefer im Osten Javas. Es ist ein einzigartiger Glücksmoment, vom Mount Penanjakan die Sonne aufgehen und den Bromo langsam aus dem Dunkel auftauchen zu sehen. Sobald es hell genug wird, beginnt der Aufstieg. Nach einem sandigen Wegstück, auf dem du immer wieder von Pferden überholt wirst, geht es eine Treppe hinauf, und oben kannst du dann in den Krater hinabschauen – ein sensationeller Anblick. Die meisten Backpacker besteigen nur den Bromo, aber eigentlich sollte man auch auf den **Kawah Ijen**, am besten nachts und mit einem Guide, der dir wegen der starken Schwefeldämpfe am Kratersee eine Gasmaske leihen kann. Nach der anspruchsvollen Wanderung kommst du am Krater an. Im Dunkeln kannst du hier ein magisches blaues Feuer sehen, und wenn die Sonne aufgeht, erscheint nach und nach ein riesiger blauer Kratersee mit gelben Ufern – ein einmaliges, abenteuerliches Erlebnis. Hast du genug von Java gesehen? Dann wird es Zeit, die Fähre nach Bali zu nehmen.

BALI

Auf Bali herrscht eine ganz andere Atmosphäre. Hier sind mehr Backpacker unterwegs; Orte wie **Kuta** und **Seminyak** werden von Travellern überrannt. Wer nicht

IN CANGGU BLEIBEN VIELE BACKPACKER HÄNGEN.

auf Massentourismus steht, macht besser einen Bogen darum, auch wenn man hier super shoppen und feiern kann. Bali ist buddhistisch, Java großteils hinduistisch geprägt, das erzeugt einen anderen Vibe. In **Canggu** bleiben viele Backpacker hängen. Es geht dort entspannt zu, es gibt schöne Guesthouses und an jeder Ecke hippe Bars und Restaurants, in denen du die besten Smoothies, zum Frühstück gesunde Bowls und abends eine traditionelle indonesische Reistafel oder einen Berg Bananen-Pancakes bekommst. Überall wird gefeiert, und irgendeine Kneipe hält immer reihenweise kühles Bintang-Pilsener bereit. Coole Strände findest du bei Lovina, Sanur und Uluwatu. Verpasse bei Lovina nicht den **Sekumpul-Wasserfall**, geh surfen am Padang Padang bei Uluwatu oder genieß einfach nur das Strandleben am Dreamland Beach.
Um saftig grüne Reisterrassen zu sehen, musst du nach Jatiluwih im Norden oder nach Tegalang bei Ubud weiterfahren. In **Ubud** kommst du außerdem wunderbar zur Ruhe. Überall werden Yogastunden angeboten. Hier kannst du ganz in die indonesische Kultur eintauchen. Miete für ein, zwei Tage ein Moped und erkunde die Umgebung. Besuche den malerischen Morgenmarkt im Zentrum und den Affenwald, geh den Campuhan Ridge Walk, bade am Tegenungan-Wasserfall oder lass dich einfach treiben. Rund um Ubud gibt es tolle Tempel und jede Menge Ecken, in die keine Touristen kommen.
Die schönsten Tempel auf Bali sind zwar nicht so grandios wie der Borobudur auf Java, aber einige musst du trotzdem gesehen haben. Am großartigen **Goa Gajah** unweit von Ubud etwa gibt es zwei attraktive Badebecken und eine Höhle, die du durch einen riesigen Dämonenkopf betrittst. Der Tanah Lot ist am schönsten bei Sonnenuntergang. Er steht auf einer kleinen Insel im Meer und ist nur bei Ebbe zu erreichen. Die Königsgräber von **Gunung Kawi** liegen in einem Tal mitten im Dschungel. 300 Stufen führen zu den faszinierenden, aus dem Fels gehauenen Skulpturen hinab. Auf einem Berg steht ein weiterer beliebter Tempelkomplex, der **Lempuyang**. Von seinem prächtigen Eingang hat man an klaren Tagen eine fantastische Aussicht. Außer diesen weltberühmten Tempeln findest du auf Bali noch zahlreiche andere erstaunliche Bauten. In Ubud haben sich etliche Familien einen eigenen Schrein errichtet, und auch die Türen ihrer Häuser sind oft kunstvoll geschnitzt und bemalt.

NUSA-INSELN

Nur eine halbe Stunde fährt man zu den ruhigen Nusa-Inseln südöstlich von Bali. Die meisten Backpacker beginnen mit der **Nusa Lembongan**, die mit dem **Buddha**

DIE GRÜNEN FELSEN AM ÜBERWÄLTIGEND SCHÖNEN KELINGKING BEACH ERINNERN AN DINOSAURIER.

Point einen sensationellen Schnorchelspot bietet. Du entdeckst unter Wasser nicht nur tropische Fische, sondern auch Buddhastatuen und Stupas – als würdest du einen Meerestempel besuchen! So friedlich die Unterwasserwelt ist, so wild donnert die Brandung bei **Devil's Tears** gegen die Klippen. Über eine gelbe Brücke fährst du mit dem Roller weiter zur **Nusa Ceningan.** Die Aussicht an der blauen Lagune ist traumhaft, und wer auf Klippenspringen steht, kann sich hier austoben. Auf der **Nusa Penida** hat man nach einem steilen Abstieg den überwältigend schönen Kelingking Beach oft für sich allein; die Aussicht von oben zählt zu den bekanntesten auf den Nusa-Inseln. Die grünen Felsen, die aus dem tiefblauen Meer aufragen, erinnern an Dinosaurier. Fahr auf Nusa Penida auch zur Broken Bay und zum Angels Billabong! Noch immer nicht genug geschnorchelt? Am Manta Point hast du gute Chancen, auf Teufelsrochen zu treffen.

LOMBOK

Besonders abenteuerlustige Backpacker besteigen auf Lombok den aktiven Vulkan **Mount Rinjani**. Auf dem mehrtägigen, anspruchsvollen Hike ist gute Kondition gefragt. Thermokleidung ist hier kein unnötiger Luxus, und auch eine Stirnlampe wirst du beim Wandern im Dunkeln gut gebrauchen können. Doch die Aussicht von oben ist alle Strapazen wert. Du schaust in einen eindrucksvollen Kratersee. Zum Glück ist nicht alles auf Lombok so anstrengend. Es gibt hier auch entspannte Küstenorte wie **Senggigi** und das noch nicht von Touristen überschwemmte **Kuta**. Hier kannst du einen Surfkurs belegen, tanzen, bis die Sonne aufgeht, und an ruhigeren Stränden wie dem Tanjung Aan chillen.

GILI-INSELN

Vor Lomboks Nordwestküste liegen die bekannten Inseln **Gili Trawangan**, **Gili Air** und **Gili Meno**. Tauchen, schnorcheln, mit anderen Backpackern chillen, lecker essen, um die Insel herumwandern und den Strand genießen – so verbringst du hier deine Tage. Auf **Gili Nanggu** weiter südlich kommt sofort ein Einsame-Insel-Gefühl auf, denn hier gibt es kaum Unterkünfte. In weniger als einer Stunde hast du die ganze Insel umrundet. Das Gleiche gilt für **Gili Kondo**, **Gili Lampu** und **Gili Kapal** im Nordosten: blendend weißer Sand, überwältigend blaues Meer und eine atemberaubende Unterwasserwelt. Wenn du hinreichend Robinson-Erfahrung gesammelt hast, wird es Zeit, Indonesien fürs Erste zu verlassen – und zwar begierig darauf zurückzukehren und bei der nächsten Reise weitere Inseln des Inselstaats zu erkunden.

MERCI, THANK YOU, GRACIAS, DANK JE WEL, DANKE …

Backpacking für Anfänger ist da! Ein Traum ist wahr geworden. Stapelweise Tagebücher habe ich vollgeschrieben, Hunderte Blogbeiträge auf WeAreTravellers getippt, und jetzt dieses Buch … Wahnsinn! Ich kann gar nicht beschreiben, wie cool ich das finde! Allein hätte ich das natürlich nie geschafft, deshalb möchte ich mich bei vielen Menschen ganz, ganz herzlich bedanken.

Zuallererst bei Kosmos Uitgevers: Danke! Ich freue mich riesig, dass ihr mir die Chance gegeben habt, dieses Buch zu schreiben. Hans Koenen: Deine erste E-Mail werde ich nie vergessen und auch nicht, wie wir uns erstmals zusammengesetzt haben. Es war von Anfang bis Ende toll, mit dir zusammenzuarbeiten. Daniël und Fremke – auch euch herzlichen Dank! Ihr habt dieses Buch noch besser und schöner gemacht.

Schwesterherz und Michel, ihr habt mir irre geholfen! Stundenlang habt ihr mit mir gebrainstormt, hundertmal hab ich euch dieselben Fragen gestellt, und dass ihr spontan mit mir nach Portugal geflogen seid, war einfach super. Allerliebster Papa, allerliebste Mama: Danke, dass ihr ohne Ende meine Texte gecheckt, die Fotos aus den USA geschickt, euch meinen Frust angehört und mir immer das Gefühl gegeben habt, dass ich meine Träume verwirklichen kann. Jeroen, meine große Liebe: Du bist mein liebster Reise-Buddy, die meisten Backpacking-Ziele haben wir gemeinsam besucht, und ohne dich wären die Reiseerinnerungen und Fotos nie so schön geworden! Sorry, dass ich manchmal so gestresst war und von nichts anderem mehr reden konnte als von diesem Buch. Ich liebe deine Abenteuerlust und war unendlich froh, dass du mit nach Bali gekommen bist! Liebe Nina, liebe Joline, auch euch gebührt ein Extraplatz: Unsere Spaziergänge, Verabredungen zu Kaffee oder Wein und unsere guten Gespräche haben mir unglaublich gutgetan!

Ohne die Fotos von Mark & Saskia (Japan, Vietnam), Willemijn Welten (Peru), Nicolas & Anne (Indonesien, Peru, Kuba, Vietnam), Noël Vleugel (Peru), Iris Timmermans (Kolumbien), Ellen & Piet (Australien, Marokko), Jan & Lisette (Vietnam) und Dirk Pronk (Myanmar) wäre dieses Buch nie so schön geworden.

Alle Blogger von WeAreTravellers, speziell Chris, Agnes, Roselinde, Roos, Rianne und Iris: Ihr seid spitze, jede/jeder Einzelne von euch. Das Blogteam ist mittlerweile ein unverzichtbarer Teil von WeAreTravellers. Danke für eure schönen Berichte!

Und last but not least: Danke auch an euch, die Leser von WeAreTravellers.nl: Ohne euch gäbe es dieses Buch nicht. Ich hoffe, ich darf euch noch lange mit Reisetipps versorgen.

REGISTER

23 BACKPACKING-ZIELE